UNSERE BILDERBÜCHER
WAS SIE ALLES KÖNNEN

LEITFADEN

durch die Bilderbuch-Programme

der Verlage **Thienemann** und **Gabriel**

Herausgegeben von Charis Brem

Inhalt

··········

Unsere Bilderbücher – Was sie alles können

In mehr als zwei Dritteln der deutschen Haushalte mit Kindern wird nicht vorgelesen. Es ist anzunehmen, dass es in diesen Haushalten auch keine oder nur wenige Bilderbücher gibt. Das wiederum bedeutet, dass die Kinder dieser Haushalte nicht über das Bilderbuch an das Lesen herangeführt werden. Dies, obwohl gemeinhin bekannt ist, dass Kinder, die nicht lesen, deutlich geringere Chancen in einem Land haben, in dem Bildung die wichtigste Ressource ist.

Dabei hat die Beschäftigung mit Bilderbüchern noch ganz andere Vorteile als nur den, Kindern dank überschaubarer Texte den Zugang zum Lesen zu öffnen:

◆ Kinder lieben es, gemeinsam mit Erwachsenen Bilderbücher anzuschauen und aus ihnen vorgelesen zu bekommen. Diese Situation ist für sie der Inbegriff von Geborgenheit.

◆ Kinder und Erwachsene können beim Anschauen und Vorlesen von Bilderbüchern selbst bestimmen, in welcher Zeit dies geschehen soll. Beim Fernsehen zum Beispiel geht das nicht.

◆ Kinder sind ichbezogen. Bilderbücher unterstützen sie dabei, das eigene Ich auszubilden, indem sie erfahren, dass es noch andere Welten mit anderen Helden und Geschichten gibt.

◆ Kinder sind einer Flut von bewegten und unbewegten Bildern ausgesetzt. Die kleinen Kunstwerke Bilderbücher helfen ihnen dabei, sich in diesen Bilderwelten zu orientieren.

◆ Kinder haben Fantasie und sind kreativ. Bilderbücher fördern diese natürlichen Begabungen, weil sie andere Welten entdecken lassen und zu spielerischem Lernen anregen.

◆ Kinder wollen lernen. Bilderbücher befriedigen diesen Ehrgeiz kognitiv und emotional, denn sie schulen die Beobachtungsgabe und erweitern den Wortschatz.

◆ Kinder sind stolz, wenn sie können, was Erwachsene können, nämlich lesen und schreiben. Bilderbücher sind der Grundstein für die dazu notwendige Sprach- und Lesekompetenz.

◆ Kinder freuen sich an einem Bilderbuch als sinnliches Ding, das beliebig oft angeschaut und vorgelesen werden kann, weil es stabil und mit Sorgfalt und liebevoll hergestellt ist.

◆ Kinder haben die unterschiedlichsten Interessen, Stimmungen und Neigungen. Bilderbücher sind so vielschichtig, dass bei jedem Anschauen und Vorlesen Neues entdeckt werden kann.

Diese Vorteile der Beschäftigung mit Bilderbüchern zeigen, *dass* das Bilderbuch eine maßgebliche Bedeutung für die Ausbildung der Persönlichkeit des Kindes hat. Sie helfen jedoch nicht weiter, wenn es zu entscheiden gilt, *welches* Bilderbuch als nächstes zum Anschauen und Vorlesen ausgewählt werden soll. Denn Kinder, bei denen es gezündet hat, möchten mehr. Sie möchten weitere Geschichten, in denen sie leben, anhand derer sie ihre Fantasie ausleben können, und zwar auch über das Bilderbuchalter hinaus. Sie werden zu Lesern.

In jedem Jahr erscheinen eine Vielzahl neuer, unterschiedlicher Bilderbücher. In den Verlagen *Gabriel* und *Thienemann* sind es etwa dreißig. Außerdem halten die Verlage eine noch größere Vielzahl ebenso unterschiedlichster Bilderbücher, die bereits erschienen sind, lieferbar.

Wie kann man sich in dieser Vielfalt zurechtfinden?

Die Eingabe eines Begriffes in die Suchfunktion eines Internetanbieters hilft nicht weiter, denn dort erhält man allenfalls allgemeine Informationen zum, nicht jedoch Einblick in das Bilderbuch, der gerade beim Medium Bilderbuch eine wichtige Entscheidungshilfe für oder gegen den Kauf ist. Vor allem aber erhält man keine Informationen darüber, für welche Bedürfnisse das angezeigte Bilderbuch gedacht ist.

Empfehlungen in Zeitungen und Zeitschriften sind zwar hilfreich, besprochen wird in diesen jedoch nur eine minimale Auswahl dessen, was die Verlage anbieten. In den seltensten Fällen sind den Besprechungen Abbildungen aus dem Innenteil der Bücher beigestellt, sodass man auch hier keinen echten Eindruck von dem Bilderbuch erhält.

Auch Verlagsverzeichnisse, so sie sich an die Buchkäuferin oder den Buchkäufer richten, sind nicht immer hilfreich, da sie in der Regel nicht mehr bieten als die Abbildung des Bilderbuchcovers mit einigen wenigen Angaben dazu.

Der Besuch einer Buchhandlung lohnt immer. Leider erhält man auch in den gut sortierten nicht immer die Orientierung, die wünschenswert wäre, da Bilderbücher allzu oft nicht thematisch, sondern alphabetisch nach Verlagen sortiert sind und Buchhandlungen rein aus

Platzgründen nicht alle Bilderbücher vorrätig haben können.

Um Abhilfe zu schaffen, um Orientierung zu bieten, um Entscheidungen zu erleichtern, haben wir uns entschlossen, diesen Leitfaden *Unsere Bilderbücher – Was sie alles können* zu veröffentlichen. In diesem sind annähernd alle lieferbaren Bilderbücher der Verlage *Gabriel* und *Thienemann* thematisch geordnet zu finden (Stand: Mai 2006). Mehr noch:

Wir haben zahlreiche Fachleute aus der Praxis gewinnen können – Psychologen, Pädagogen, Sozialpädagogen, Erzieher, Journalisten, Eltern, die alle in diesem Leitfaden aufgeführten Bilderbücher unabhängig, kritisch und sorgfältig angeschaut haben, um – nach einer Einführung in das jeweilige Thema – zu jedem Bilderbuch praktische Tipps für die Beschäftigung mit diesem zu formulieren.

Dabei hat sich herausgestellt, dass es im Programm des Verlagshauses *Thienemann*, das unter anderem auch mit Bilderbüchern von Michael Ende und Otfried Preußler zu den traditionsreichsten im deutschsprachigen Raum gehört, zu jedem Thema das passende Bilderbuch gibt.

Ich hoffe sehr, dass Ihnen der Leitfaden *Unsere Bilderbücher – Was sie alles können* nicht nur hilft, das für Ihre Bedürfnisse richtige Bilderbuch zu finden, sondern die Anregungen zur Nutzung des jeweiligen Bilderbuches zu vielen genussvollen Bilderbuchstunden beitragen:
Zum Wohle der Kinder, die unsere Zukunft sind!

Klaus Willberg
Verleger
Thienemann   Gabriel

Informationen zu unseren Büchern finden Sie auch auf unserer Homepage www.thienemann.de. Durch die Eingabe beliebiger Schlagworte können Sie dort die passenden, auch nach Redaktionsschluss dieses Leitfadens erschienenen Bücher finden.

Wo komme ich denn her?: Aufklärung – Geburt – Liebe

BIRGIT HOCK

Vielleicht kündigt sich in der eigenen Familie Nachwuchs an, vielleicht sieht man der Nachbarin deutlich an, dass sie schwanger ist – Kinder beobachten ihre Umwelt sehr genau und nehmen Veränderungen bewusst wahr, deshalb werden alle Eltern eines Tages mit der Frage konfrontiert: „Mama, wie kommt das Baby in den Bauch? Und wie kommt es aus dem Bauch heraus?" Mit einer knappen Antwort ist es dann häufig nicht getan: Wer sein Kind sinnvoll aufklären möchte, der muss ihm mehr mitteilen als die nüchternen Fakten. Eine gute Antwort vermittelt dem Kind eine positive Grundeinstellung zum eigenen Körper. Darüber hinaus sollten Eltern ihren Kindern erklären, was Gefühle sind und dass diese zur Liebe dazugehören.

Kinder aufklären heißt, ihnen neben biologischem Wissen auch zu vermitteln, dass es eine körperliche Liebe gibt, zu der Lust und schöne Gefühle gehören. Ebenso müssen sie wissen, dass sich die Liebe zwischen zwei Menschen unterscheidet von der Liebe, die Eltern für ihre Kinder empfinden.

Für all das Worte zu finden ist nicht immer einfach, erst recht, wenn Ihr Kind solche Fragen in einem Moment stellt, der Ihnen für die Beantwortung völlig unpassend erscheint. In einem solchen Moment dürfen Sie Ihre Antwort selbstverständlich auf eine passende Gelegenheit verschieben und Ihr Kind vertrösten. Erklären Sie ihm: „Ich habe deine Frage verstanden und möchte sie dir auch gerne beant-

worten. Ich muss mir die passenden Worte erst noch überlegen. Du darfst mich aber später gerne daran erinnern!"

Vergessen Sie die Frage Ihres Kindes aber wirklich nicht! Nehmen Sie ruhig ein Buch zu Hilfe. Hören Sie Ihrem Kind ganz genau zu, wenn es seine Fragen stellt: Sobald seine Neugier befriedigt ist, wird es von alleine mit der Fragerei aufhören. Seine Fragen geben den Rahmen vor, innerhalb dessen Sie antworten – Sie sollten Ihr Kind mit Ihren Antworten nicht überfordern. Und: Sagen Sie Ihrem Kind offen, wenn Sie etwas nicht wissen. Bedenken Sie: Aufklärung ist schließlich nicht nur das einmalige Beantworten von Fragen, sondern ein andauernder Prozess.

In unserer modernen, freizügigen Gesellschaft begegnen Kinder immer wieder Bildern oder Situationen, die Fragen zum Themenbereich Aufklärung und Sexualität hervorrufen. Erklären Sie die Dinge sachlich und gleichzeitig liebevoll und beziehen Sie eine klare Position, wenn Ihnen etwas nicht gefällt. Begründen Sie Ihre Meinung, sprechen Sie aus, dass es Dinge gibt, die nur die beiden Menschen etwas angehen, die sich damit beschäftigen.

Solche Gespräche sind Teil des Aufklärungsprozesses, der sich über den gesamten Zeitraum der körperlichen Entwicklung eines jungen Menschen hinzieht – ein Bilderbuch kann dabei immer eine gute Hilfe sein!

Nele Moost/Michael Schober
Knuffel wächst in Mamas Bauch
32 Seiten
ISBN 13: 978-3-522-43324-2, ISBN 10: 3-522-43324-6

Eigentlich will Olli einen kleinen Hund, doch die Eltern schlagen seinen Wunsch ab. Dafür aber wird er bald ein Geschwisterchen bekommen. Als Olli die Tragweite dieser Aussage begriffen hat, ist er auf einmal richtig neugierig: „Wie ist das Baby denn reingekommen in Mamas Bauch?", will er wissen. Deshalb nimmt sich Ollis Papa einen Bogen Papier, zeichnet und erklärt. Er vermittelt Olli und dessen Schwester Meike nicht nur die biologischen Fakten rund um den Zeugungsprozess und die Entstehung eines Babys, sondern auch die Tatsache, dass zur körperlichen Liebe Lust und schöne Gefühle gehören.

Auch Schwangerschaft und Geburt werden thematisiert: Je weiter die Schwangerschaft von Ollis Mutter voranschreitet, desto größer wird nicht nur Mamas Bauch, auch die Fähigkeiten des Babys wachsen. Im vierten Monat hat es schon Haare, im fünften Monat strampelt es und schlägt Purzelbäume, ab dem siebten Monat kann das Baby in Mamas Bauch schon sehen. Und weil Ollis Mama nun viel

schneller müde wird, helfen Meike und Olli im Alltag ein wenig mit: Zu dritt räumen sie die Babywäsche in den Schrank. Immer dicker wird Mamas Bauch, und eines Tages erkundigt sich Meike ganz besorgt, ob er auch wirklich nicht platzt? Die Geburt des Babys steht nun unmittelbar bevor, kein Wunder, dass Olli und Meike genau wissen wollen, wie das Baby geboren wird! Diesmal erklärt Mama …

„Knuffel wächst in Mamas Bauch" ist ein echtes Aufklärungsbuch, das Antworten auf die Kinderfragen rund um die Themen Zeugung, Schwangerschaft und Geburt gibt. Kindgerecht, sachlich richtig und dabei gleichzeitig gefühlvoll erfahren die jungen Leserinnen und Leser, wie ein Baby entsteht. Ollis naive Fragen und seine kindlichen Anmerkungen zu all dem Neuen, das er erfährt, lockern das Buch immer wieder auf und tragen viel dazu bei, dem Thema entspannt zu begegnen. Wer sich schwer tut mit eigenen Antworten auf Kinderfragen, der findet in diesem Buch eine geeignete Hilfestellung.

Christian Berg/Carola Holland
Tamino Pinguin und die Sache mit dem Ei
32 Seiten
ISBN 13: 978-3-522-43426-3, ISBN 10: 3-522-43426-9
Tamino Pinguin und
das größte und schönste Geschenk der Welt
32 Seiten
ISBN 13: 978-3-522-43440-9, ISBN 10: 3-522-43440-4

Der kleine Pinguin Tamino ist verliebt, ganz schrecklich verliebt. Eines Tages will seine Pinguinfreundin von ihm wissen, ob er denn auch bereit sei, ein Pinguinkind mit ihr zu haben. Tamino überlegt – und stellt fest, dass er überhaupt nicht weiß, wo die kleinen Pinguine herkommen. Taminos Freundin Nanuma ist beleidigt und wertet dieses Unwissen als ein Zeichen seiner Unreife. Das kann Tamino so nicht auf sich sitzen lassen, deshalb macht er sich auf die Suche nach einer Antwort. Doch wen er auch fragt, alle drucksen sie nur herum, vertrösten Tamino und schicken den kleinen Pinguin wieder fort. Tamino bekommt keine Antwort, weder von seinem Freund, dem Buckelwal, noch von seinem Pinguinvater, von Atze oder der Lehrerin Frau Robbe. Zum Schluss endlich fällt Tamino seine Mama ein – die weiß schließlich immer auf alles eine Ant-

wort! Tatsächlich findet die Pinguinmama eine Antwort auch auf diese Frage: „Pass gut auf, denn das, was du wissen willst, hat ganz viel mit Liebe zu tun", sagt sie und erklärt ihrem Sohn, wie es ist, wenn man merkt, dass man sich sehr, sehr lieb hat. Nun weiß Tamino endlich Bescheid …

Die Erfahrung, von einem zum anderen geschickt zu werden, um dann doch keine Antwort auf eine Frage zu bekommen, haben schon viele Kinder gemacht. Zumal Taminos Frage von der Sorte ist, auf die es keine einfache Antwort gibt. Doch die Pinguinmutter erkennt Taminos Not, und sehr einfühlsam, mit wundervoll warmen Worten erklärt sie ihrem Sohn, was passiert, wenn man sich richtig liebt. Die Worte der Pinguinmutter erzählen zwar nicht alles, was Kinder wissen wollen, wenn es um die Themen Liebe und Aufklärung geht, aber mit der Lektüre von Tamino Pinguin im Hinterkopf finden Mütter und Väter bestimmt die richtigen Worte, offene Fragen ehrlich und einfühlsam zu beantworten.

Im zweiten Band geht es ebenfalls um die Liebe: Nanuma hat Geburtstag, und Tamino fällt einfach nichts ein, das er ihr kaufen könnte. Aber – muss ein Geschenk etwas Gekauftes sein? Schließlich formt Tamino seiner Nanuma ein riesiges Herz aus Schnee, in das er „Tamino liebt Nanuma" schreibt – und beschert seiner Freundin damit „das größte und schönste Geschenk der Welt".

Die Geschichte zeigt, dass Fantasie und gegenseitiges Verständnis für genau die schönen und wichtigen Gefühle sorgen, die unbedingt dazugehören, wenn von Liebe die Rede ist! Schließlich gibt es auch in unserer modernen Gesellschaft, in der so viel auf Äußerlichkeiten geachtet wird, Dinge, die für Geld nicht zu haben sind – jene Dinge eben, die das Leben lebens- und dieses Bilderbuch so richtig liebenswert machen!

Angelika Glitz/Annette Swoboda
Prinz Franz total verliebt
32 Seiten
ISBN 13: 978-3-522-43274-0, ISBN 10: 3-522-43274-6
auch lieferbar im Midi-Format:
ISBN 13: 978-3-522-43459-1, ISBN 10: 3-522-43459-5
und im Mini-Format:
ISBN 13: 978-3-522-43377-8, ISBN 10: 3-522-43377-7

„Franz sucht dringend Frau zum Lieben!" – Die Fahne mit dem Werbespruch flattert im Wind, und die vier Schaf-Schnuckies sind sich sicher, dass für Schafbock Franz kein Weg an ihnen vorbeiführt. Schön geschminkt erwarten sie seine Zuneigung. Franz aber trägt wieder einmal seine Brille nicht, und so übersieht er die vier Damen, die dem Ruf seiner Suchanzeige gefolgt sind. Dafür aber hört er ein helles Lachen – und blindlings verliebt er sich in Gerda, die man nicht gerade eine Schönheit nennen kann …

Er nimmt sie mit nach Hause und beschließt: „Sonntag soll die Hochzeit sein!" Franz ist sich seiner Wahl sicher, und die Hänseleien, die die vier Schnuckies für seine auserwählte Braut übrig haben, interessieren ihn nicht im Geringsten. Am Hochzeitstag aber ist auch für Franz die Stunde der Wahrheit gekommen: Weil er es einfach nicht schafft, seiner Gerda den Ring an den Finger zu stecken, muss er

Daniela Kulot
Ein kleines Krokodil mit ziemlich viel Gefühl
32 Seiten
ISBN 13: 978-3-522-43326-6, ISBN 10: 3-522-43326-2
auch lieferbar im Mini-Format:
ISBN 13: 978-3-522-43437-9, ISBN 10: 3-522-43437-4

Das kleine Krokodil und die große Liebe
32 Seiten
ISBN 13: 978-3-522-43443-0, ISBN 10: 3-522-43443-9

nun doch seine Brille hervorkramen: „Wenigstens sah er nun scharf, weshalb er auch den Finger traf."

Ganz ohne Brille, auf sein Gefühl vertrauend, hat Franz also seine wahre, echte Liebe gefunden, und auf der letzten Bilderbuchseite bekommt der Leser ein wundervolles Idyll präsentiert: Umgeben von sechs kleinen Lämmern heißt es: „Franz und Gerda, noch nach Jahren, blieben glücklich, wie sie waren."

Die Illustrationen von Annette Swoboda hauchen nicht nur den beiden Hauptdarstellern, sondern auch allen anderen in die Geschichte verwickelten Gestalten Leben ein – ausdrucksstark und voller Mimik wird dem Betrachter präsentiert, wie Franz blindlings durch die Gegend läuft, die vier Schnuckies von sich selbst sehr eingenommen sind und Gerda anfänglich nicht so recht weiß, was da mit ihr geschieht … Die witzigen, pointierten Reime unterstreichen die Komik des Erzählten. So wird die Geschichte von Franz und Gerda zu einer Liebesgeschichte wie aus dem Bilderbuch, idyllisch und witzig zugleich! Nicht nur für Kinder, sondern auch als Hochzeitsgeschenk sehr zu empfehlen!

Warum nur ist das kleine Krokodil so schrecklich ruhelos? Warum ist ihm mal heiß, mal kalt, warum ist es mal zu Tode betrübt und könnte dann gleich darauf die ganze Welt umarmen? Klarer Fall: Das Krokodil ist verliebt – verliebt in die Giraffe, die sehr, sehr groß ist und die nicht einmal in die Nähe des Krokodils blickt, weil ihr Blick immerzu auf einer ganz anderen Höhe verweilt. Weil das Krokodil der Giraffe gar zu gerne wenigstens mal auf Augenhöhe begegnen möchte, lässt es sich etwas einfallen. Doch als es auf Stelzen geht, ist

die Giraffe mit dem Fahrrad unterwegs und fährt einfach unter ihm durch. Und die Kunststücke auf der Brücke bleiben ungesehen, weil die Giraffe in ein Gespräch mit ihrer Freundin vertieft ist … Was immer sich das Krokodil ausdenkt, irgendein dummer Zufall durchkreuzt seine Pläne. Bis eines Tages die Giraffe auf dem Nachhauseweg über das Krokodil stolpert. Da endlich, endlich nimmt die Giraffe das kleine grüne Wesen wahr – und verliebt sich Hals über Kopf!

Der erste Schritt also ist getan, Krokodil und Giraffe sind glücklich. Nun soll im zweiten Band dem ersten Schritt ein zweiter folgen, und das Liebespaar möchte zusammenwohnen. Doch in dem kleinen Häuschen am Stadtrand, das dem Krokodil gehört, stößt sich die Giraffe ständig den Kopf, eine bequeme Sitzposition ist ihr auch nicht möglich, und wenn sie sich beim Schlafen ausstrecken möchte,

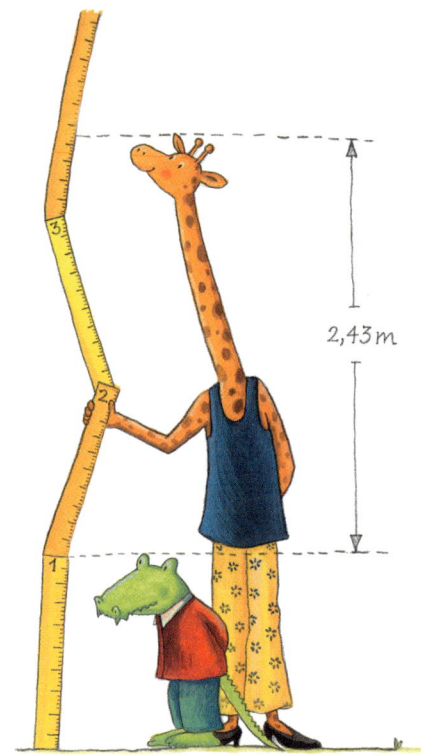

2,43 m

DANIELA KULOT

Das kleine Krokodil und die große Liebe

dann ist das Haus erst recht zu klein. Also ziehen die beiden ans andere Ende der Stadt, in das große Haus der Giraffe. In einem großen Haus aber hat ein kleines Wesen einen schweren Stand, denn die Türklinke ist zu hoch, die Treppe zu steil – das hält doch kein Krokodil und keine Giraffe aus! Ein großer Plan muss her, damit sich die beiden jederzeit in die Augen schauen und sich ihr allerschönstes Lächeln schenken können, also machen sie sich an die Arbeit …

Liebe macht erfinderisch: Die Unterschiede zwischen Giraffe und Krokodil könnten kaum größer sein, und doch ziehen die beiden ganz und gar unterschiedlichen Wesen an einem Strang, um sich einen gemeinsamen Alltag fernab von trennenden Äußerlichkeiten zu schaffen. Was Liebe möglich macht, das führen diese Bilderbücher dem Leser mit einem Augenzwinkern vor!

Edith Schreiber-Wicke/Carola Holland
Ich hab dich so lieb
32 Seiten
ISBN 13: 978-3-522-43266-5, ISBN 10: 3-522-43266-5
auch lieferbar im Mini-Format:
ISBN 13: 978-3-522-43399-0, ISBN 10: 3-522-43399-8

Ein eisblauer Himmel übersät mit Schneeflocken, zwei frierende Raben auf dem Geweih eines Rotwilds, am oberen Bildrand der Satz: „Ich hab dich so lieb: Ich würde dir zum Pullover, dem dicken, auch noch einen Schnabelwärmer stricken." Und der knallrosa Tintenfisch sagt: „Ich hab dich so lieb: Ich würde dich gerne ganz sacht in die Arme nehmen – in alle acht."

Weil es nicht einfach ist, treffende Worte für ein Gefühl zu finden, weil Liebe oft auch unerklärlich ist, bedient sich die Autorin dieses Buches zahlreicher Beispiele: Elf tierische, wundervoll-witzige Liebesversprechen hat sich Edith Schreiber-Wicke ausgedacht, um zu beschreiben, was es heißt, wenn man jemanden so richtig lieb hat. Und „Ich hab dich so lieb" erklärt am Ende des Buches auch der Junge dem Mädchen und schenkt ihr sein liebstes Bilderbuch.

Edith Schreiber-Wicke fasst alle möglichen Erscheinungsformen der Liebe in kurze Verse und erklärt so den jungen Leserinnen und Lesern auf eine kindgerechte, warmherzige Art ein Phänomen, ohne das unser Alltag langweilig, trist und grau wäre.

Ihre Verse machen die Liebe sichtbar und verständlich, ohne dabei die philosophische Dimension, die dieser Frage innewohnt, zu vernachlässigen oder zu verunglimpfen.

In Kombination mit den abwechslungsreichen, manchmal pastellfarbenen, manchmal knalligen Illustrationen von Carola Holland ist dieses Bilderbuch viel mehr als eine Beschreibung oder eine Definition – es ist ein buntes Kaleidoskop über die Liebe und daher auch für Erwachsene zu empfehlen!

Weitere Bilderbücher
zum Thema „Aufklärung – Geburt – Liebe":

Edith Schreiber-Wicke/Carola Holland
Zwei Papas für Tango, s. S. 56

Wenn das Sandmännchen kommt: Einschlafen

HELMA STUCKMANN

„Ich will noch nicht ins Bett!" Dieser Satz ist in den Abendstunden vielerorts zu hören. Während die Eltern vom Erziehungs- und Arbeitsalltag erschöpft auf einen ruhigen Abend hoffen, versuchen Kinder, das Zubettgehen hinauszuzögern.

Wir erleben den Schlaf als eine Erschöpfungsphase, in der unser Bewusstsein größtenteils außer Kraft gesetzt ist. Je nach Tiefe des Schlafes haben wir kaum noch Wahrnehmungen über die Sinne und sind fast bewegungsunfähig. Gleichzeitig erleben wir oft intensive, manchmal auch angsterfüllte Träume, in denen die innere Erregung im Gegensatz zu der minimalen Bewegungsmöglichkeit steht. Manche Kinder erleben Angstträume so intensiv, dass sie Angst vor dem Schlafengehen generell entwickeln. Appelle an die Vernunft oder gar Drohungen helfen hier kaum.

Für die kindliche Fantasie ist es selbst im Wachzustand nicht immer leicht, zwischen Vorstellung und Wirklichkeit zu unterscheiden. Die Dunkelheit mit ihrem Licht- und Schattenspiel und den nächtlichen Geräuschen kann beunruhigende und aufregende Fantasiebilder hervorlocken. Daher empfinden es manche Kinder zusätzlich erschwerend, die Nacht im eigenen Bettchen, im eigenen Zimmer, getrennt von den Eltern verbringen zu müssen.

Gegen die Trennungsangst von den Eltern kann helfen, dem Kind ein getragenes Kleidungsstück der Bezugsperson mit ins Bett zu geben, die Tür zum Elternzimmer angelehnt zu lassen oder ein bestimmtes Stofftier oder Schmusekissen für das Bett auszuwählen, das als verlässlicher Partner in der Nacht Gesellschaft und Trost bietet.

So spielt es für das Kind eine wichtige Rolle, dass es sich in seinem Bett sicher und geborgen fühlen kann. Deshalb sollten Kinder nicht zur Strafe ins Bett geschickt und auch die Zeit vor dem Einschlafen nicht von Streit und Drohungen überlagert werden. Stattdessen kann das Erzählen, Singen, Lesen und Kuscheln im Bett diesen Ort als gemütlichen Raum erlebbar machen. Sicherheit gibt es dem Kind auch, wenn der Ablauf des Schlafengehens mit entsprechenden Schritten zu einem kleinen Ritual aufgebaut wird. Während dieses Rituals sollte die beteiligte Person ausschließlich Zeit für das Kind haben.

Das Schlafbedürfnis von Menschen ist unterschiedlich, auch der Schlafrhythmus unterliegt einem individuellen Programm. Einschlafen lässt sich nicht erzwingen. Es muss von den Kindern erst gelernt werden, die Zeichen der Müdigkeit richtig zu deuten und bereit zu werden, zur Ruhe zu kommen.

Anstelle anregender Spiele oder Fernsehprogramme ist das Vorlesen eine ideale Möglichkeit, den Übergang vom Tag zur Nacht mit dem Kind einfühlsam zu gestalten. Unter dem Aspekt, Schlafprobleme zu bewältigen, bieten die folgenden Bücher ein umfassendes Spektrum von Hilfestellungen an.

Michael Ende/Annegert Fuchshuber
Das Traumfresserchen
32 Seiten
ISBN 13: 978-3-522-41500-2, ISBN 10: 3-522-41500-0

Prinzessin Schlafittchen hat Angst vor bösen Träumen. Sie fürchtet sich so vor dem Einschlafen, dass sie immer neue Vorwände erfindet, um wach bleiben zu können. Doch Schlafmangel macht blass und krank. Fast alle Menschen kennen Träume, die sie als bedrohlich und Angst machend erlebt haben. Im Traum können wir nicht zwischen Fantasie und Wirklichkeit unterscheiden. Viele Kinder machen in ihrer Entwicklung Phasen mit heftigen Angstträumen durch, die sich aber von selbst auch wieder verlieren. Erst wenn das Kind versucht, den Träumen durch Wachbleiben aus dem Weg zu gehen, entsteht ein echtes Problem. Es hilft meist nichts, dem Kind auf der Ebene der Vernunft zu erklären, dass es keine fliegenden Fischmonster, Fleisch fressenden Pflanzen und gefährlichen Wölfe hinter dem Bett gibt, denn in der Nacht erlebt das Kind diese Wesen als real und bedrohlich. Je mehr das Kind Angst vor Alpträumen hat, umso wahrscheinlicher wird es in der Nacht schlecht träumen.

Doch hier hilft das Traumfresserchen: Der Vater von Prinzessin Schlafittchen nimmt das Problem seines Kindes so ernst, dass er auf eine strapaziöse Reise geht, um nach Hilfe für seine Tochter zu suchen. Da begegnet ihm das mondlichtige stachelige Traumfresserchen, das nichts lieber isst als schlechte Träume. Nur das Einladungsgedicht muss gesprochen werden, und schon wacht es am Bett und lässt sich alle bösen Träume schmecken.

Traumhaft schön begegnet dieses Buch den kindlichen Ängsten innerhalb deren eigener Fantasiewelt. Das mit zauberhaften Bildern erzählte Märchen stellt den Alpträumen eine mächtige und wehrhafte, aber auch freundliche und liebenswerte Figur gegenüber. Mit der Einladung an das Traumfresserchen kann das Kind sich aus der ängstlichen Wachsamkeit lösen und dem unberechenbaren Traumgeschehen gelassener und positiver begegnen. Schlechte Träume werden auch gebraucht, denn sonst würde das Traumfresserchen nie satt.

In den stimmungsvollen und teilweise fast mystischen Bildern gibt es so viel zu entdecken, dass das Buch auch am hellen Tag viel Freude macht. Größere Kinder lernen das Gedicht leicht auswendig, kleineren Kindern kann man die Verse auch auf eine selbst gestaltete Einladungskarte schreiben und über das Bett hängen. Wer das Traumfresserchen zu sich ans Bettchen rufen kann, darf getrost einschlafen, „zibbeldibix"!

Barbara Moßmann
Willie bleibt wach
32 Seiten
ISBN 13: 978-3-522-43446-1, ISBN 10: 3-522-43446-3
außerdem lieferbar:
Das kleine dicke Willie-Buch mit allen
Geschichten aus der Willie-Reihe, 160 Seiten
ISBN 13: 978-3-522-43511-6, ISBN 10: 3-522-43511-7

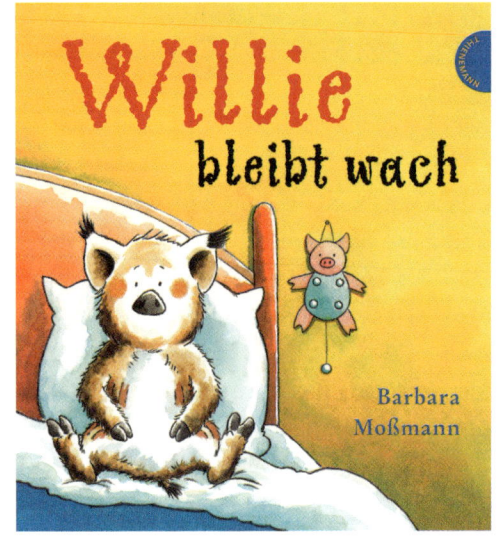

Der ersehnte Schlaf setzt meist nicht auf Knopfdruck ein, wenn das Kind in seinem Bettchen liegt. Kinder müssen erst lernen, vom erlebnisreichen Tagesgeschehen auf die Ruhe der Nacht umzuschalten. Im liebenswerten und einfallsreichen Wildschweinchen Willie finden die Kinder eine Figur, in der sie sich leicht selbst erkennen können. Doch auch die Erwachsenen können sich vom Verhalten der geduldigen, aber konsequenten Wildschweineltern Anregung und Hilfestellung holen: Während die drei Geschwisterchen im Bett schon müde sind und bald einschlafen, fühlt Willie sich putzmunter. Dabei ist von der Gutenachtgeschichte bis zum Gutenachtkuss alles dafür getan, was für das Einschlafen notwendig ist. Doch Willie versucht genau diejenigen Tricks, die Kinder überall auf der Welt benutzen, wenn sie den Tag ein wenig verlängern wollen: Erst hat er Durst, dann muss er noch einmal auf das Töpfchen, und dann ist plötzlich das Schmuseschweinchen nicht zu finden. Die Eltern, die langsam immer müder aussehen, gehen auf diese Bedürfnisse ein, bringen ihn dann aber immer wieder freundlich und bestimmt ins Bett zurück. Indem Mama Wildschwein zuletzt die Zimmertür schließt, signalisiert sie Willie, dass die Geduldsgrenze der Eltern nun erreicht ist. Und tatsächlich: Nach kurzem Spiel werden seine Augen kleiner, und mit dem Kuschelschweinchen im warmen gemütlichen Bett kann er endlich einschlafen. Entspannt lächelt Willie im Schlaf, während die Wildschweineltern quasi gemeinsam mit dem Betrachter zufrieden und erleichtert auf die vier schlafenden Schweinchen schauen.

Barbara Moßmann erzählt diese Geschichte sehr einfühlsam in hellen Bildern aus warmen Farben mit kurzen Texten, die auch die jüngeren Kinder schon gut verstehen. So entsteht trotz Willies lebhafter Einschlafversuche eine ruhige und entspannte Atmosphäre. Nur wenige Gegenstände und Hintergründe lenken den Blick von Willie ab. Der Betrachter bleibt auf diese Weise dicht bei Willie und dessen Gefühlen. Ein Buch, das wunderbar vor dem Einschlafen gelesen werden kann. Es hilft den Kindern, selbst bereit für die eigene Müdigkeit und den Schlaf zu werden. Eltern zeigt es einen liebevollen Weg, wie der Gang ins Bett mit Geduld und Konsequenz begleitet werden kann.

Thomas Fuchs/Barbara Korthues
Kein Platz im Bett
32 Seiten
ISBN 13: 978-3-522-43454-6, ISBN 10: 3-522-43454-4

Als Kind habe ich ab und zu die Nacht auf dem Teppich vor meinem Bett verbracht, während unter der Decke liebevoll zugedeckt die Puppen lagen, die in der Nacht nicht frieren sollten. An diese Begebenheit fühlte ich mich durch die Geschichte von Thomas Fuchs und Barbara Korthues erinnert, denn auch für Zoe ist manchmal „kein Platz im Bett". Zoe kennt viele Menschen, die sie mögen und ihr das zeigen wollen. Sie machen ihr Geschenke – mit Vorliebe Kuscheltiere. Das erste und wichtigste Tier ist der Fuchs Fuchsi, den sie zur Geburt von den Eltern bekommen hat. Fuchsi ist der zuverlässige Tröster, der auch über die unsicheren Phasen in der Nacht hinweghelfen kann, oder, wie die Psychologen sagen, Fuchsi ist das „Übergangsobjekt", das Zoe die nächtliche Trennung von den Eltern ermöglicht. Doch zu Fuchsi gesellen sich immer mehr Kuscheltiere, sodass Zoe selbst kaum noch Platz im Bett findet. In diesem Gedränge ist auch Fuchsi nicht immer zu finden, und das ist für Zoe ein echtes Problem. Erst als die Tiere ein eigenes Bett bekommen, kehrt für alle Ruhe ein. Jeden Abend darf nun ein anderes Tier aus der Wiege zu Fuchsi und Zoe ins Bettchen. Während der Text sachlich und knapp berichtend die Zuwanderung der Kuscheltiere beschreibt, zeigen die farbenfrohen Bilder aus wechselnden Perspektiven schnell die Komik und Dramatik der Entwicklung. Manches Kind wird sich in Zoe wiederentdecken können; die Spielzimmer unserer Zeit sind überfüllt mit großen und kleinen Dingen. Aber die Invasion der Spielzeuge und Stofftiere kann manchmal eher bedrückend als beglückend sein.

Spannend ist es zudem auch, das zu volle Bett in einem übertragenen Sinn zu betrachten: Was nimmt das Kind manchmal als störenden Ballast mit ins Bett? Welche Pläne, Sorgen, Eindrücke, Aufgaben beschäftigen es noch und machen den Schlafraum „eng"? Auch hier kann es manchmal helfen, den ungebetenen Gästen einen festen Platz außerhalb des Bettes zuzuweisen, wo sie über Nacht bleiben und morgens wieder aufgenommen werden können. Vielleicht hilft es auch, den geistigen Ballast einfach über Nacht in eine Papiertüte zu pusten (die von meiner Tochter ist blau mit goldenen Sternen darauf) oder in eine besondere Schachtel zu legen.

Bianka Minte-König/Johanna Seipelt
Zehn kleine Müdlinge
32 Seiten

ISBN 13: 978-3-522-43482-9, ISBN 10: 3-522-43482-X

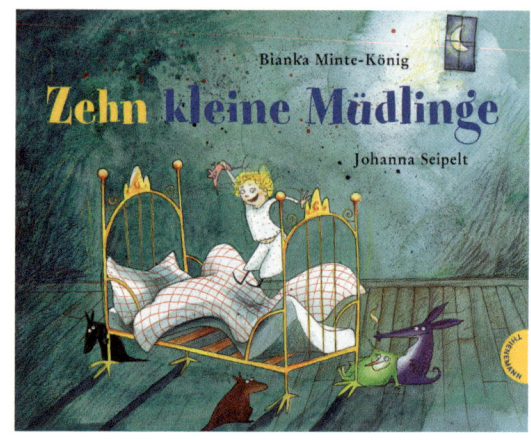

Was machen mutige Ritter, verwegene Piraten, tollkühne Zirkusprinzessinnen, kurz: die Kinder, die Tod und Teufel nicht fürchten und nie genug von neuen Abenteuern haben können, wenn sie ins Bett gehen sollen? Sie flüchten. Für diese Kinder ist das Schlafen einfach nur lästig und langweilig. Wenn das Leben aus einer Kette von Herausforderungen und Abenteuern besteht, ist es kaum möglich, auf Knopfdruck schlagartig auf Ruhebetrieb umzuschalten. Manch kleiner Abenteurer kämpft sich so hingegeben durch den Tag, dass er die Zeichen der Müdigkeit an sich nicht als solche erkennt und stattdessen immer mehr „aufdreht", je länger der Abend wird. Da hilft nur eins: Die Müdlinge müssen kommen!

Diese Müdlinge sind ebenfalls abenteuerliche Kreaturen. Sie sausen bunt und vielfältig geschnäbelt und gefedert durch eine eigentümliche Wohnung. Mit wilden und zauberhaften Kunststückchen helfen sie einer nach dem anderen, den munteren Nachwuchs langsam herunterzukühlen. Das Repertoire der Müdlinge ist vielfältig: Über Kitzeln, Toben, noch ein bisschen Spielen, Plantschen und allerlei mehr finden wir das gesamte „Den-Tag-Verlängern-

Programm" wieder. Doch mit jedem Müdling wird auch das Kind langsam müder, sodass nach Gutenachtgeschichte und Schlaflied nun endlich Ruhe einkehrt. Aber solange die Müdlinge das schlafende Kind bewachen, wird es sicher nicht unter langweiligen Träumen zu leiden haben.

Für Kinder, die sich im Dunkeln leicht fürchten oder die öfter schlecht träumen, ist dieses Buch weniger zu empfehlen. In ihrem Fall kann die Vorstellung eines Feuer spuckenden kleinen Koboldes unter dem Bett eher schlafverhindernd sein.

Die Geschichte in Reimform erinnert ein bisschen an das Lied von den „Zehn kleinen Negerlein", die ersten beiden Zeilen jeder Seite lassen sich sogar auf diese Melodie singen und könnten so auch zu einem Gutenachtlied für Abenteurer werden. Neugierige und entdeckungsfrohe Kinder werden ihren Spaß an den manchmal irritierenden grafischen Elementen und Perspektivenwechseln haben. Eltern dieser Kinder finden mit den Müdlingen eine augenzwinkernde Möglichkeit, den Gang ins Bett in Teilschritten zu gewinnen, denn schließlich muss jeder Müdling zu seinem Recht kommen.

Christian Tielmann/Cornelia Haas
Hundemüde Hunde
32 Seiten
ISBN 13: 978-3-522-43492-8, ISBN 10: 3-522-43492-7

Junge Hunde zu hüten ist ziemlich anstrengend. Die Erziehung von Kindern und jungen Hunden scheint einiges gemeinsam zu haben. Das sehen jedenfalls Christian Tielmann und Cornelia Haas so. Gerade deshalb ist dies ein Trost- und Mutmachbuch für gestresste Eltern und ein augenzwinkernder Spiegel für Kinder.

Gleich ein ganzes Rudel junger Hunde tobt mit Energie und Temperament durch den Tag. Schon früh am Morgen beginnt die wilde Jagd, die allerorts ihre Spuren hinterlässt. Es wird getobt, gezankt, gesaust, gerannt, gestritten; nichts ist vor der Bande sicher; abenteuerlustig und neugierig suchen die Welpen nach immer neuen Herausforderungen.
Schließlich ist das ganze Haus auf den Kopf gestellt, und das schlechte Gewissen schaut den kleinen Abenteurern aus den treuen Hundeaugen, als sie am Abend hereingerufen werden und sich im energisch wirkenden Schatten ihres Herrchens vor der Tür einfinden. Doch selbst die muntere Reinigungsprozedur im Badezimmer reicht nicht aus, um die restlichen Energien zu verbrauchen. Wie wär's dann noch mit Aufräumen? Da kehrt schlagartig Müdigkeit ein, und mit Gutenachtküssen versorgt fallen alle in einen tiefen Schlaf.
Das Tempo der kleinen Hunde, mit dem sie die Welt entdecken, ist atemberaubend. Beim Vorlesen wird dies nicht nur in den aktionsreichen und humorvollen Bildern deutlich. Da die Geschichte sich mit einem langen Satz über viele

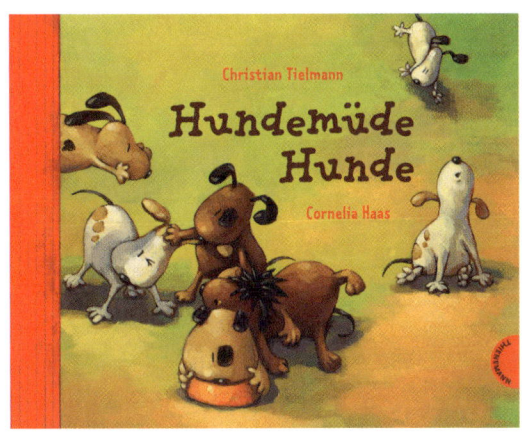

Prämierung der Stiftung Buchkunst
»Eines der schönsten Bücher 2005«

Seiten hinzieht, kommt der Leser ebenfalls kaum zu Atem und holt am Ende erleichtert Luft, wenn die süßen Kleinen sauber gewaschen im Körbchen liegen.
Die knuddeligen und tollpatschigen Hunde sprechen Kinder und Eltern gleichermaßen an. Auf vielen Seiten sind lustige Kleinigkeiten zu entdecken und locken trotz des atemberaubenden Spannungsbogens zum genauen Hingucken, manchmal vielleicht auch zum Zählen. Für uns Eltern ist es tröstlich, zu sehen, dass auch die wildeste Bande irgendwann zur Ruhe kommt und wir durch den Anblick der friedlich schlafenden Kleinen für so manche Anstrengung belohnt werden. Deutlich wird aber ebenfalls, dass dieser tiefe Schlaf auch das wilde Spiel des Tages braucht. Denn ein Gegenbeispiel findet sich auch für den, der am Tag nicht ausreichend in Bewegung war!

Weitere Bilderbücher
zum Thema „Einschlafen“:
Angelika Glitz/Imke Sönnichsen
Monster unter Willis Bett, s. S. 65

Mit dem Kopf durch die Wand: Trotzen – Streiten – Nein-Sagen

CHRISTIANE BENTHIN

Das „Nein" ist im menschlichen Zusammenleben ein spezielles Wort. Ein Wort mit Folgen, die bisweilen gar nicht angenehm sind. Aber gäbe es nur „Ja" … nun, diesen Gedanken braucht man hier nicht weiter auszubreiten. Das „Nein" will gelernt sein. Und damit man als Erwachsener ein kompetenter Nein-Sager werden kann, der sich und anderen das Leben mit ständigem „Ja und Amen" nicht unnötig schwer macht, muss man das als Kind lernen. Ein kleines Baby, das in einer geborgenen Umgebung aufwächst, wird von seinen Eltern umsorgt. Sie wissen, dass es ihm an nichts fehlen darf, damit es sich an Körper und Seele gut entwickeln kann. Das Kind empfindet das als Selbstverständlichkeit.

Entwicklungspsychologisch betrachtet unterscheidet das Kind in den ersten Monaten seines Lebens noch gar nicht zwischen sich und anderen Menschen. Es empfindet sich als Mittelpunkt der Welt, besser gesagt: Es weiß noch gar nicht, dass es die Welt gibt. Satt, warm, lieb gehalten – das zählt. Zumindest darf man das wohl so unterstellen, denn fragen kann man ein Kind von drei Monaten ja nicht mit Worten. Aber im Wachstum des Kindes ändert sich das. Es gewinnt an Bewegungsfähigkeit und Bewegungsfreude. Es beginnt zu sprechen. Es nimmt bewusst Kontakt zu anderen auf und sammelt damit auch Erfahrungen, die ihm zeigen, dass seine eigenen Bedürfnisse und sein eigener Wille nicht immer mit dem von anderen zusammenpassen.

Feingefühl und Nervenstärke sind in der Erziehung nun gleichermaßen gefragt. Ein zweieinhalbjähriges Kind im Trotzalter, das sich verzweifelt schreiend wälzt, weil es nicht auf das Balkongeländer klettern darf, fordert den Erwachsenen sehr heraus. Es entdeckt schmerzlich, dass sich sein Wille nicht verwirklichen lässt, und braucht in dieser Situation einen konsequenten Erwachsenen, der klar macht, dass und warum es so jetzt nicht geht. Mit Begründung, aber ohne Diskussionen. Grenzen setzen ist hier die Kunst.

Aber an anderer Stelle muss das Kind auch erleben, dass sein eigenes Nein respektiert wird. Es muss deutlich werden, dass ein begründetes Nein seinen Sinn hat – und zwar das Nein von Erwachsenem und Kind gleichermaßen. Ganz wichtig ist hierbei die Erfahrung, dass ein Nein eine augenblickliche Ablehnung bedeutet und nicht eine grundsätzliche. Weder das Nein des Erwachsenen noch das Nein des Kindes dürfen als ein „Ich habe dich nicht mehr lieb" gedeutet werden. Kinder wachsen in dieses Wechselspiel von Nähe und Abgrenzung hinein und entwickeln dabei ihr „Ich". Wer ihnen ein angemessenes Nein und das Austragen eines Streits versagt, hindert sie an ihrer Ich-Entwicklung.

Die folgenden Bilderbücher demonstrieren viele bekannte Situationen. Sie fordern zum Dialog und damit zur Verarbeitung von konfliktreichen Erlebnissen auf.

Barbara Moßmann
Willie will nicht
32 Seiten
ISBN 13: 978-3-522-43417-1, ISBN 10: 3-522-43417-X
außerdem lieferbar:
Das kleine dicke Willie-Buch mit allen
Geschichten aus der Willie-Reihe, 160 Seiten
ISBN 13: 978-3-522-43511-6, ISBN 10: 3-522-43511-7

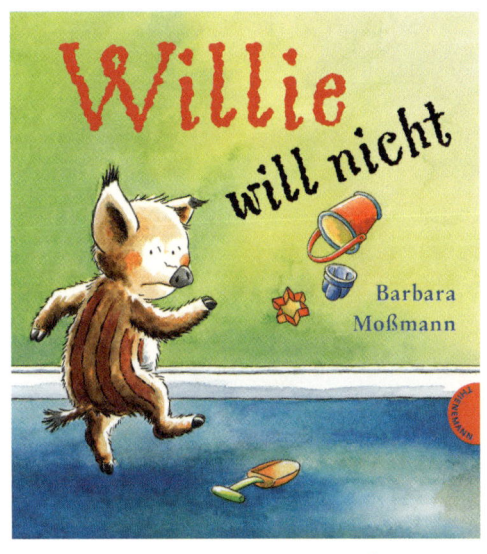

Empfehlungsliste pädagogisch wertvoller Bilderbücher 2004

Willie ist ein kleines Wildschwein und vielleicht bereits bekannt aus anderen Geschichten dieser Bilderbuch-Reihe. Er vereint so einiges von dem, was man mit der Bezeichnung „Wildschwein" assoziieren könnte. Letztendlich aber hat Willie nichts weiter mit einem Wildschwein gemeinsam, denn er ist mit seiner Familie in eine ganz menschliche Umgebung „verpflanzt", was schließlich die Nähe zum kindlichen Betrachter unmissverständlich herstellt. Die Handlung in „Willie will nicht" tut dies ebenso: Willie hat einen schlechten Tag. Alles, was sonst selbstverständlich ist, wird zum Hindernis. Schon beim Frühstück will Willie frech grinsend seinen Latz nicht anziehen und nicht still sitzen, sondern kippt seinen Becher um. Im Bad schmiert er sich keck die Zahnpasta auf den Kopf und wird wütend, als er sich waschen soll. So nimmt der Tag seinen Lauf und gipfelt in einem verzweifelten Wutanfall: Willie liegt auf dem Rücken, kneift die Augen zu und rudert mit den Beinen in der Luft. Aber Willie hat Eltern mit Nerven wie Drahtseilen, die sich viel Zeit für ihn nehmen. Mama und Papa Wildschwein beherrschen auf bewundernswerte Weise die Kunst, ihren Sohn schließlich spielerisch zu dem zu bewegen, was er tun soll. So geht auch ein schlimmer Tag vorbei.

Barbara Moßmann setzt ihren Willie in eine farbenfrohe Alltagswelt, in der Text- und Bildgestaltung ein gewisses Augenzwinkern hervorrufen. Bevor der Streit wie erwartet eskaliert, nimmt alles eine glückliche Wendung. Beim Betrachten des Buches ist dieser Augenblick eine gute Gelegenheit zum Gespräch. Die Situation spitzt sich zu – und es muss umgeblättert werden. Vor dem Umblättern kann man mit dem Kind wunderbar fantasieren, wie es auf der nächsten Seite weitergeht oder wie man sich wünscht, dass es weitergehen sollte. Jeder – Kind und Erwachsener – kann dem andern erzählen, wie es ihm an einem solchen Tag zumute ist. Das Kind wird vielleicht staunen, wenn es erfährt, dass auch Erwachsene solche schlimmen Tage haben. Und jeder kann seine Sicht der Dinge darlegen. Das ist eine gute Möglichkeit, so grässlich empfundene Trotz-Tage nachzubesprechen – und vielleicht vorzubereiten!

Edith Schreiber-Wicke/Carola Holland
Achtung! Bissiges Wort!
32 Seiten
ISBN 13: 978-3-522-43488-1, ISBN 10: 3-522-43488-9

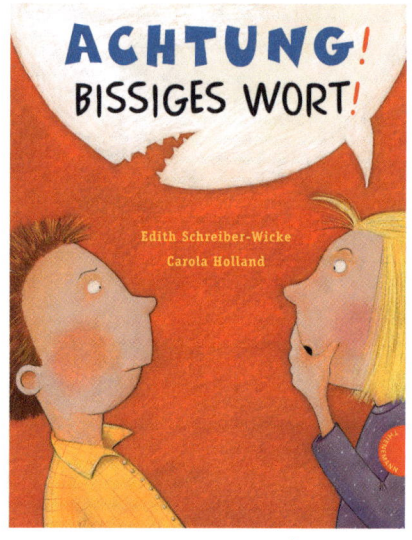

Laura hat einen schlechten Tag, wie ihn jeder kennt: Orangensaft umgeschüttet, Knie zerschrammt, keinen Schokoriegel bekommen. Und dann hat sie auch noch beim Memory verloren. Da rutscht es ihr heraus, das bissige Wort. Sie schmettert es ihrem besten Freund Leo an den Kopf. Kaum ist es gesagt, bereut Laura es auch schon. Aber Leo wird den ganzen Tag verfolgt von dem bösen Wort. Er wird es nicht mehr los. Auch wenn im Verlauf der Geschichte bewusst offen gelassen wird, um welches Wort es sich handelt: Leo ist am Boden zerstört. Und zwar für einen ganzen langen Tag.

Ein Buch, das beim Vorlesen das Gespräch herausfordert. Zuerst einmal liegt es nahe, zu fantasieren, um welches Wort es sich wohl gehandelt haben könnte. Welche Worte empfindet jeder für sich als verletzend? Und was tut dem einen vielleicht schon weh, das der andere noch lustig findet? Wie fühlt man sich mit so einem Schimpfwort im Nacken? Was hilft? Dabei können Erwachsene und Kinder viel von-

einander erfahren. Das Gespräch kann sogar so weit gehen, zu überlegen, warum bestimmte Worte zu Schimpfworten geworden sind („Du Esel!", „Du Schwein!").

Die Autorinnen lösen die Spannung schließlich auf. Beide Kinder finden wieder zueinander und vertragen sich. Die Geschichte zeigt, wie Kinder miteinander in Streit geraten, und auch, wie Erwachsene ihnen in dieser Situation helfen können: als Zuhörer und Mitdenker, aber nicht als „Einmischer". Wir sollten es den Kindern zutrauen, dass sie selbst ihren Weg finden. Und dass sie Konflikte schließlich auf ihre Art aus dem Weg räumen.

Carola Holland hat das Buch pfiffig illustriert. Sie lässt die Emotionen sichtbar werden, ohne ihnen etwas Erdrückendes mitzugeben. So gibt sie dem betrachtenden Kind Raum zum Mitgefühl, aber sie beeinflusst es nicht. Interessant gestaltet ist auch das gegenständlich dargestellte „bissige Wort", das namenlos, aber keinesfalls gestaltlos in der ganzen Geschichte herumgeistert …

Edith Schreiber-Wicke/Carola Holland
Der NEINrich
32 Seiten
ISBN 13: 978-3-522-43388-4, ISBN 10: 3-522-43388-2

Empfehlungsliste pädagogisch
wertvoller Bilderbücher 2003 und 2004

Leos Tante ist zu Besuch. Und bevor sie geht, will sie Leo küssen. Ob er will, wird gar nicht gefragt. Leo will nicht. Aber da auch seine Mutter hilflos-schwach daneben steht, lässt er die Küsserei mit zusammengekniffenem Gesicht über sich ergehen. Wütend sitzt er anschließend an seinem Schreibtisch und zeichnet. Das hilft. Aber diesmal ist es anders als sonst: Der Stift zeichnet beinahe von allein, und der kleine rote Kerl mit den geringelten Armen und Beinen auf dem Papier wird zum Schluss auch noch lebendig! Und wütend ist er! Es ist der Neinrich, und der bringt Leo nun bei, dass jedes Kind ein Recht auf sein eigenes Nein im angemessenen Augenblick hat. Und dass es darauf ankommt, wann und wie man sein Nein formuliert, damit es bei den Erwachsenen unmissverständlich ankommt. Der Neinrich übt mit Leo. Dass es keinen Wert hat, mit dem Nein herumzuzanken, wenn es um Dinge geht, die einfach sein müssen (Zähne putzen, schlafen gehen, Medizin einnehmen …). Dass aber ein Nein im ernsten Moment durchgesetzt werden muss, egal ob einen irgendein Erwachsener für unhöflich hält. Das eigene Gefühl zählt. Als Leo seine Lektion gelernt hat, lässt sich der Neinrich wieder auf dem Papier nieder. Leo braucht ihn nicht mehr! Er schafft es jetzt alleine.

Carola Holland hat dieser Geschichte durch die Farben ihrer Illustrationen viel Gefühl verliehen. Sie arbeitet mit überwiegend unterschiedlichen Rottönen. Jede „rote Seite" steht für ein Nein, das unbedingt gesagt werden muss, zum Beispiel wenn einem ein Fremder Gummibärchen anbietet. Das Rot steht aber auch für Leos hilflose Wut und die Intensität seiner Gefühle. Diese Farbe wirkt auf den Betrachter, ob Kind oder Erwachsener, und signalisiert, dass es hier um absoluten Ernst geht. Leos Gesichtsausdruck unterstreicht diese Wirkung.

Eine wunderbare Geschichte, die Mut macht zum richtigen Nein zur richtigen Zeit. Und die Kinder darin bestärkt, ihrer eigenen Wahrnehmung und ihrem eigenen Gefühl den Vorrang zu geben. In diesem Sinne ist das Buch wichtig in jeder Familie. Denn es leistet nicht nur einen Beitrag zu Persönlichkeitsentwicklung und dem Mut zum Selbstbewusstsein. Gleichzeitig ist es ein Stück Prävention vor Übergriffen jeder Art auf Kinder. Auch die erwachsenen Leser profitieren übrigens eine Menge vom Neinrich …

Schritt für Schritt in die Selbstständigkeit:
Erstes Loslassen – Kindergarten – Schule

PETRA SPERLING

Eltern möchten ihre Kinder zu selbstständigen Menschen erziehen; Kinder wiederum fordern die Möglichkeit zum eigenständigen Handeln bereits früh von ihren Eltern ein. Sie handeln damit instinktiv richtig, denn: Kinder brauchen einen gewissen Freiraum, um Selbstständigkeit zu entwickeln. Nur wenn sie zu verschiedensten Gelegenheiten ihr Können anwenden und neue Erfahrungen sammeln können, lernen sie, sich selbst zu vertrauen und Aufgaben selbstständig und produktiv zu bewältigen. Eine wichtige Rolle auf dem Weg in die Selbstständigkeit spielt das gegenseitige Loslassen. Entsprechende Situationen ergeben sich tagtäglich: Darf der Nachwuchs alleine vor dem Haus spielen, zum Bäcker gehen, auf dem Spielplatz toben? Eine besonders einschneidende Phase ist es, wenn der Kindergarten oder die Schule beginnen.

Viele Eltern erleben die Aufgabe, ihr Kind in neue Handlungsräume und an andere Personen „freizugeben", als schwierig. Überlegungen wie „Ist es reif genug?", „Wird es sich wohl fühlen?", „Kann es sich behaupten, aber auch einfügen?" oder „Kann es Gefahren einschätzen?" tauchen in fast allen Familien auf. Aber auch Kinder erleben Unsicherheiten gegenüber neuen Situationen. So ist der Sohn zum Beispiel stolz, allein zum Briefkasten zu gehen – aber der Weg ist ihm zugleich auch ein wenig unheimlich. Oder die Tochter hat sich zwar gut im Kindergarten eingewöhnt, aber sie kennt auch Heimweh oder hat manchmal gar Bedenken, ob die Mutter sie wirklich abholen wird.

Es existiert kein Königsweg, wie Eltern und Kinder mit diesen Situationen umgehen können. Jede Familie findet ihre individuellen Lösungen. Fest steht aber: Der Prozess des Loslassens findet Schritt für Schritt statt. Und eine grundlegende Rahmenbedingung ist ein vertrauensvolles, offenes und kommunikatives Zusammenleben. Ein Kind muss spüren, dass Eltern immer da sind und es beschützen. Es muss zugleich erfahren: Die Eltern nehmen mich ernst und erkennen mich an. Wenn das System der Familie Geborgenheit, Sicherheit und Achtung vermittelt, sind die besten Voraussetzungen dafür gegeben, dass der lange Weg des gegenseitigen Loslassens funktioniert.

Wichtig ist zudem, ein Kind ganz konkret auf die Übergänge zwischen Elternhaus und eigenem Lebensraum vorzubereiten. Gut eignen sich Gespräche über mögliche – schöne, aber auch schwierige – Situationen. Neue Wege, Räume und Bezugspersonen lassen sich im Vorfeld gemeinsam erkunden. Schließlich sind Eltern auch angesprochen, mit ihrem Kind über seine konkreten Erlebnisse zu sprechen und es in kritischen Situationen und bei Fehlschlägen zu unterstützen. Und natürlich dürfen sie sich sichtbar mit ihm freuen, wenn es von der ersten eigenen Unternehmung stolz zurückkehrt!

Otfried Preußler/Karin Lechler
Lauf, Zenta, lauf!
32 Seiten
ISBN 13: 978-3-522-42960-3, ISBN 10: 3-522-42960-5

Stoffi und die Hündin Zenta sind gute Freunde. Sie spielen oft zusammen auf der Wiese hinter Stoffis Haus. Manchmal lässt sich der Junge auch in einem kleinen Wagen von Zenta im Garten herumfahren. Als eines Tages die Gartentür offen steht, machen sich die beiden auf: Sie fahren durch das Dorf, über die Wiese, am Teich entlang … Stoffi genießt den Ausflug und möchte immer weiter fahren. Doch dann gelangen sie in den Wald. Hier wird ihm doch unheimlich. Wie gut, dass Zenta den Weg nach Hause findet!

Nahezu jedes Kind kann sich in der Figur von Stoffi wiederfinden. Denn welches Kind liebt es nicht, seiner Neugier und Wissbegier zu folgen und erste Wege allein zu gehen, neue Orte zu erkunden? Schließlich macht das – so zeigt es auch die Geschichte von Stoffi – viel Spaß. Stoffis Erlebnis bestärkt Kinder entsprechend, sich von vertrauten Bezugspersonen zu lösen und sich allein etwas zuzutrauen. Für das eine ist das vielleicht der Besuch beim Nachbarskind, für ein anderes eine kleine Besorgung im Geschäft an der Ecke.

Stoffis Ausflug steckt für die ersten eigenständigen kleinen Unternehmungen zugleich einen wichtigen Rahmen ab: Ein Kind sollte immer den Weg kennen, den es geht. Und es sollte immer auch an den Rückweg denken. Denn wer wie Stoffi einfach drauflosläuft, findet womöglich nicht zurück. Eltern können ihrem Kind mit Hilfe der Geschichte von Stoffi und Zenta zugleich erklären: Verlass niemals auf eigene Faust die vertraute Umgebung. Nicht jeder kann auf die Unterstützung einer Zenta rechnen. Und wer würde Stoffi nach Hause geleiten, wäre da nicht die brave, kluge Hündin? Zwei weitere Botschaften können Eltern mit ihrem Kind anhand dieser kleinen „Abenteuergeschichte" besprechen: Kinder bekommen nicht selten plötzlich Angst vor der eigenen Courage. Stoffis Erlebnis zeigt ihnen: Das ist ganz normal. Und so wie Stoffi „Halt, Zenta, halt!" ruft, sollte jedes Kind seinem Gefühl folgen und sich nichts zumuten, wovor es sich eigentlich ängstigt. Oder in Situationen wie im Kindergarten, wenn allen schönen Spielen zum Trotz Heimweh aufkommt, sich zum Beispiel der Erzieherin anvertrauen. Es findet sich immer ein Weg zurück zum Selbstvertrauen!

Otfried Preußler/Petra Probst
Vom Drachen, der zu den Indianern wollte
32 Seiten
ISBN 13: 978-3-522-43229-0, ISBN 10: 3-522-43229-0

Ein bunter Papierdrachen fliegt an einer langen Schnur am Himmel entlang. Selbstbewusst steigt er höher, sieht die Welt kleiner werden – und würde so gern zu den spannenden Orten fliegen, die er nur aus den Geschichten der Kinder kennt: Zum Nordpol, in den Urwald, zu den Indianern … Wäre da nicht die dumme Schnur. Doch es gelingt dem Drachen, sich loszureißen. Wunderbar, ohne Schnur kann er ja jetzt – doch oje, was muss er feststellen? Ohne Schnur kann er nicht mehr fliegen!

Jedes Kind kennt das Spiel, einen Drachen steigen zu lassen. Das Bild vom bunten Papierdrachen, der sich Freiheit von der Schnur wünscht, bietet daher eine gute, kindgerechte Möglichkeit, mit dem Nachwuchs über das Wechselspiel von Loslassen und Behüten, Freiheit und Begrenzung zwischen Eltern und Kindern zu sprechen. Wenn ein Kind in die Rolle des Drachen schlüpft, wird es mit Leichtigkeit für dessen Wünsche entsprechende Situationen aus seinem eigenen Alltag finden: Wohin es gehen möchte, was es tun möchte, wen es besuchen will – und das am liebsten eigenständig. Schließlich ist es ja kein „Baby" mehr! Sicher wird es aber auch die Worte seiner Eltern kennen, die ihm Grenzen aufzeigen. Das Beispiel von dem Drachen, der ohne Leine vom Himmel fällt, hilft, dem Kind den Sinn dieser Grenzen zu erklären.

Denn angeleint fühlt der Drachen sich stark und sicher und traut sich zu viel zu. Auch Kinder fühlen sich in gewohnter Umgebung und vertrauten Situationen „groß" und können sich dabei überschätzen. Denn vieles müssen sie erst lernen – ob ohne führende Hand über die Straße zu gehen oder alleine den Spielplatz zu besuchen. Aus diesem Grund gewähren ihnen ihre Eltern Schutz und Unterstützung – nicht weil sie ihr Kind etwa ärgern möchten oder ihm etwas nicht gönnen. Die Drachenschnur symbolisiert diese elterliche Fürsorge, die einem Kind ermöglicht, im Rahmen seiner Fähigkeiten die Welt zu entdecken, dabei stets ein wenig weiter zu gehen und somit Schritt für Schritt eigenständig zu werden. Zugleich können Eltern das Symbol verwenden, um ihr Kind innerhalb sinnvoller Grenzen zur Selbstständigkeit zu ermutigen: Auch wenn wir nicht ganz nah bei dir sind, geben wir dir Halt, dir wird nichts Schlimmes passieren, denn wir beschützen dich.

Sabine Jörg/Ingrid Kellner
Der Ernst des Lebens
32 Seiten
ISBN 13: 978-3-522-43155-2, ISBN 10: 3-522-43155-3
auch lieferbar als Broschur:
ISBN 13: 978-3-522-43434-8, ISBN 10: 3-522-43434-X
und im Mini-Format:
ISBN 13: 978-3-522-43230-6, ISBN 10: 3-522-43230-4

Empfehlungsliste pädagogisch
wertvoller Bilderbücher 1994
Eulenspiegel-Preis 1994

Alle sagen zu Annette: „Wenn du sechs bist, beginnt der Ernst des Lebens." Wie sie sich den vorstellen soll, weiß Annette nicht. Ist es ein riesiger Felsbrocken? Ein Monster? Klar ist aber: Annette sieht ihrem Geburtstag und der Einschulung mit gemischten Gefühlen entgegen. Doch dann läuft alles prima, und in der Schule findet sie sogar einen neuen Freund. Und der heißt – Ernst! Wer hätte gedacht, dass der Ernst des Lebens so nett ist? Annette beschließt, sich von den Großen nie wieder Angst machen zu lassen.

Wie wird es in der Schule sein? Kinder können sich darüber kein konkretes Bild machen. Umso wichtiger ist es, dass Eltern ihren angehenden ABC-Schützen auf die neue Situation möglichst genau vorbereiten. Was passieren kann, wenn ein Kind keine Unterstützung erhält, um sich auf neue Herausforderungen einzustellen, erzählt die Geschichte von Annette in – am Ende für alle – vergnüglicher Weise. Mit reger Fantasie übersetzt Annette die ihr unverständliche Erwachsenen-Redewendung vom „Ernst des Lebens" in eigene Bilder. Jedes Kind kennt ähnliche Versuche. Es kann daher in die Rolle von Annette schlüpfen und erfahren: Anderen geht es ebenso. Annette stößt jedoch bei dem Versuch, die Bemerkung mit Sinn zu füllen, bald an Grenzen. Sie spürt nur: Etwas Nettes scheint nicht gemeint zu sein. Entsprechend düster sind die möglichen Erklärungen, die sie sich zurechtlegt – bis hin zu der Überlegung, lieber doch nicht Lesen und Schreiben zu lernen, falls sich der „Ernst des Lebens" in der Zeitung verstecken sollte. Ein Bild, das zeigt: Unwissen und falsche Vorstellungen können sich zu einer wahren Motivationsbremse entwickeln.

Kinder können aber gemeinsam mit Annette auch entdecken: Viele Unsicherheiten lösen sich zum Positiven hin auf – eine beruhigende Erkenntnis! So zeigt ihnen die Geschichte: Nicht alles, was die Großen erzählen, stimmt. Überhaupt ist es viel besser, sich ein eigenes Bild zu machen. Schließlich erfahren sie: Schule macht Spaß. Hier macht man schöne Dinge, hier trifft man andere Kinder und neue Freunde.

Bianka Minte-König/Hans-Günther Döring
Komm mit in den Kindergarten
32 Seiten
ISBN 13: 978-3-522-43224-5, ISBN 10: 3-522-43224-X
auch lieferbar im Mini-Format:
ISBN 13: 978-3-522-43368-6, ISBN 10: 3-522-43368-8

Komm mit, die Schule fängt an!
32 Seiten
ISBN 13: 978-3-522-43300-6, ISBN 10: 3-522-43300-9
auch lieferbar im Mini-Format:
ISBN 13: 978-3-522-43369-3, ISBN 10: 3-522-43369-6

Lena und Niki wohnen nicht nur nebeneinander – sie besuchen auch gemeinsam den Kindergarten. „Komm mit in den Kindergarten" lädt ein, die beiden dorthin zu begleiten. In detailreichen Bildern erfahren Kinder dabei viel Interessantes: die Ankunft am Morgen, die Rolle der Erzieher, das gemeinsame Essen und viele verschiedene Spielsituationen.

„Komm mit, die Schule fängt an" ist in gleicher Form aufgebaut. Wieder sind Lena und Niki die Hauptfiguren; sie erzählen von der Eingangsuntersuchung, der Einschulung und dem Alltag im Klassenverband.

Ein Kindergartenkind werden, eingeschult werden – für Kinder sind das große Einschnitte, denen sie freudig, manchmal aber auch etwas ängstlich entgegenblicken. Die beiden Bücher eröffnen die Möglichkeit, Kinder auf die neue Situation vorzubereiten. Denn je eher sie wissen, was sie erwartet, umso besser werden sie damit umgehen können.

Wie ein Leitfaden reihen sich die Bilder mit realen Situationen chronologisch und thematisch aneinander. Kindergartenanwärter erfahren zum Beispiel: Ich bin dort nicht allein. Ich werde Freunde finden und kann auf die Hilfe der Erzieher zählen.

Außerdem werde ich viele spannende Sachen erleben. Denn im Kindergarten werden wir turnen, kochen und backen, basteln und singen. Eine wichtige Sicherheit signalisiert das letzte Bild: Mittags werden alle Kinder stets von einer vertrauten Person abgeholt. Besonders

für Vorschüler ist das eine wichtige Grundvoraussetzung, sich im Kindergarten gut einzugewöhnen.

Auf gleiche Weise können Eltern ihrem Kind die Angst vor der Schuleingangsuntersuchung nehmen und ihm das Schulleben näher bringen. Es erfährt, dass es sich anderen gegenüber behaupten muss, aber auch neue Freunde finden wird. Es lernt, dass im Klassenzimmer Regeln wie das Aufzeigen bestehen.

Das Buch vermittelt zugleich: In der Schule lernt man viele neue Dinge, etwa das Schreiben. Nicht alles klappt sofort. Das ist aber nicht schlimm: Zum einen geht es jedem Kind so – zum anderen helfen ihm die Lehrer.

Empfehlungsliste pädagogisch wertvoller Bilderbücher 2000 und 2001

Beide Bücher sind zudem gute Begleiter, wenn die Kindergarten- oder Schulzeit bereits begonnen hat: Anhand der konkreten Situationen können Eltern mit ihren Kindern auch eventuelle Probleme im neuen Umfeld besprechen.

Jetzt kann ich's allein:
Selbstbewusstsein stärken – selber machen (lassen)

PETRA SPERLING

Selbstbewusste Kinder machen ihre Eltern zuversichtlich, dass sie in der Welt gut zurechtkommen: Sie können ihre Bedürfnisse äußern und sich behaupten; sie können Angst zugeben und einen Weg suchen, damit umzugehen; sie trauen sich etwas zu und stellen sich neuen Herausforderungen. Nicht zuletzt sind sie fähig, Konflikte zu lösen und sich von negativen Einflüssen möglichst abzugrenzen. Selbstbewusste Kinder besitzen dazu eine Reihe von Eigenschaften, die besonders im Vertrauen in andere und in sich selbst gründen. Aber auch Mut und Entscheidungskraft spielen eine bedeutende Rolle. Noch vor gar nicht langer Zeit glaubten Wissenschaftler, die Ausprägung solcher Eigenschaften sei dem Menschen mit in die Wiege gelegt. Inzwischen weiß man es besser: Kinder reifen erst allmählich zu kleinen Persönlichkeiten heran. Dieser Prozess beginnt, sobald ein Baby geboren ist, und setzt sich aus zahlreichen verschiedenen Erfahrungen zusammen, die ein Kind tagtäglich sammelt.

Eltern können dabei viel Unterstützung leisten. Eine der besten Voraussetzungen dafür, ein gesundes Selbstbewusstsein zu entwickeln, ist etwas im Grunde Selbstverständliches; Eltern schenken es ihrem Kind jeden Tag: Wärme und Geborgenheit. Wenn ein Kind erlebt, dass es auf die Menschen in seiner Nähe zählen kann, hilft ihm das, sich über den gewohnten Rahmen hinaus zu orientieren. Jetzt öffnet sich ihm die Möglichkeit, eigene Erfahrungen zu sammeln. Und das ist wichtig: Denn Kinder lernen die Welt und sich selbst kennen, indem sie handeln. Sie spielen, sie probieren aus, sie entscheiden – ganz gleich ob es darum geht, ohne Windel auszukommen, Rad fahren zu lernen, den Tisch zu decken oder eigenständig Brötchen zu kaufen. Eltern, die ihrem Kind entsprechende Handlungsräume und Herausforderungen bieten, öffnen ihm den Weg zu sich selbst.

Kinder etwas selbst machen zu lassen fällt Eltern im Alltag zwar nicht immer leicht: Natürlich ist der Sprössling schneller startklar für den Kindergarten, wenn seine Mutter beim Anziehen hilft. Doch fast immer findet sich ein Kompromiss, etwa: „Heute du allein, morgen wir zusammen." Wenn der Nachwuchs dann selbst mit Ärmeln und Knöpfen zurechtgekommen ist, ist er umso stolzer – und hat ein Lob verdient. Aus gleichem Grund sollten Kinder im Haushalt oder bei anderen „Erwachsenenarbeiten" mithelfen dürfen. Passiert dabei ein Missgeschick oder klappt etwas nicht, ist das eine Gelegenheit, daraus zu lernen. Und selbst wenn nicht alles perfekt ist – kleine Teilerfolge gibt es immer! Eltern sollten ihrem Kind zudem geduldig die Zeit geben, die es für etwas Neues wie den Sprung ins Schwimmbecken benötigt. Bereit zu sein und schließlich etwas zu schaffen macht selbstbewusst!

Edith Schreiber-Wicke/Carola Holland
Kai kann's
32 Seiten
ISBN 13: 978-3-522-43290-0, ISBN 10: 3-522-43290-8

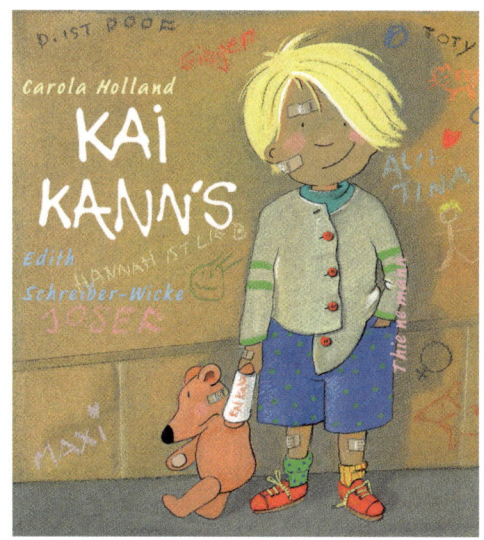

Empfehlungsliste pädagogisch
wertvoller Bilderbücher 2000

Kai hat keine gute Zeit. Er stolpert ständig, macht etwas kaputt oder dreckig. Es gibt in seinen Augen zwar immer einen Grund: Pflastersteine, die sich in den Weg legen, zum Beispiel oder Knöpfe, die an der falschen Stelle sitzen. Das ändert jedoch nichts daran, dass seine Mutter manchmal reichlich genervt ist. Wenn Kai also wieder hinfällt, tut das nicht nur weh – er hat auch das Gefühl, gar nichts recht zu können. Doch da trifft er den sprechenden Kater. Der erinnert Kai an all das, was er richtig gut kann. Und kaum ist der „Tollpatsch" sich dessen bewusst, passieren ihm die kleinen Missgeschicke immer seltener.

Nicht alle Kinder können alles gleich gut. Was eins ganz früh und ohne Schwierigkeiten lernt, kann einem anderen viel Mühe bereiten. Schließlich besitzt jedes Kind seine eigenen Stärken. Das Problem ist nur: Der Mensch neigt dazu, seine vermeintlichen Schwächen viel deutlicher zu sehen als seine persönlichen Stärken. Kindern geht es da nicht anders als Erwachsenen. Sie sind umso mehr darauf angewiesen, dass es jemanden gibt, der sie lobt, ihnen den Rücken stärkt und so ihr Selbstbewusstsein fördert.

Kai, der Hauptfigur in „Kai kann's", mangelt es jedoch genau daran: Ohne Lob tappt er von Missgeschick zu Missgeschick. Und er spürt, wie seine Ungeschicklichkeit die Mutter ärgert. Das knackst sein Selbstbewusstsein weiter an; schließlich scheint sich alles gegen ihn zu verschwören. Einen Ausweg aus diesem negativen Kreislauf bietet der sprechende Kater. Er entkräftet Sätze wie „Andere Kinder können das längst" oder „Das Kind nervt", die Kais Mutter in ihrem Ärger nicht zurückhalten kann. Und er übernimmt, was die Mutter versäumt: ihrem Sohn zu zeigen, was er alles kann. Letztlich ahnt Kai – stellvertretend für die kleinen Leser –, dass er es selbst ist, der sich seine Stärken aufzeigt. Kommt das Lob jedoch von jemand anderem, glaubt man es viel lieber. Der sprechende Kater hat aber auch eine Botschaft für die Eltern: Im Alltag rücken die kleinen Katastrophen, die man mit dem Nachwuchs erlebt, leicht in den Vordergrund. Doch das Selbstbewusstsein ihrer Kinder stärken Eltern nur durch positive Botschaften. Dieses Positive zu sehen fällt zwar manchmal nicht so leicht. Doch wer genau hinsieht, findet immer auch die kleinen Erfolge.

Barbara Moßmann
Willie ganz ohne Windel
32 Seiten
ISBN 13: 978-3-522-43412-6, ISBN 10: 3-522-43412-9
außerdem lieferbar:
Das kleine dicke Willie-Buch mit allen
Geschichten aus der Willie-Reihe, 160 Seiten
ISBN 13: 978-3-522-43511-6, ISBN 10: 3-522-43511-7

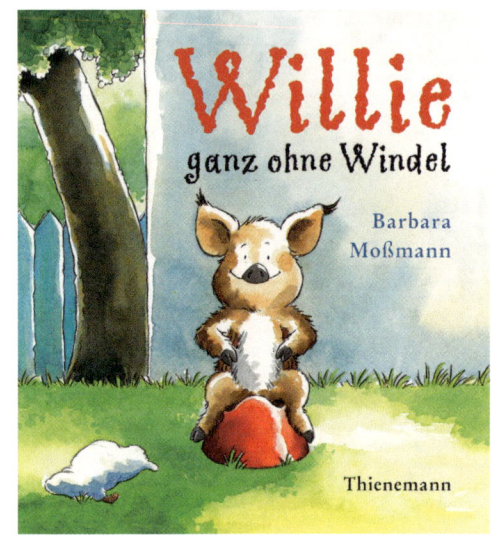

Das kleine Wildschwein Willie läuft für sein Leben gern. Aber es würde gern schneller laufen. Doch daran hindert ihn die Windel. Überhaupt stört sie andauernd. Also beschließt Willie: Ich will keine Windel mehr. Jetzt klappt das Laufen gleich viel besser. Schwierig ist hingegen, das neue Töpfchen zu benutzen. Entweder geht eine kleine Pfütze daneben, oder Willie muss gar nicht mehr, wenn er darauf sitzt. Oder das Töpfchen steht viel zu weit weg … doch halt, das ist gar nicht schlimm. Denn ohne Windel kann Willie ja ganz schnell dorthin laufen!

„Trocken werden" – ein Thema in jeder Familie, und oft dazu ein leidiges. „Willie ganz ohne Windel" ist eine Geschichte, die Kinder unterstützt, die gewohnte Sicherheit der Windel aufzugeben. Denn sie zeigt: Es ist nicht immer leicht, auf die vertraute Hilfe zu verzichten. Doch wer den entscheidenden Schritt wagt, stellt fest, wie viele Vorteile das mit sich bringt. Sie zeigt auch: Wer sich etwas zutraut, der kann auch mit kleinen Misserfolgen auf dem Weg zu seinem Ziel umgehen.

In einzelnen Bildern gibt das Buch dazu viele konkrete Hilfestellungen. Los geht's mit der Feststellung: Willie selbst will die Windel loswerden. Ein wichtiger Ansatz, denn nur wenn ein Kind dazu bereit ist, wird es diesen Entwicklungsschritt gehen können. Im Folgenden werden typische Schwierigkeiten geschildert, die bei der Umstellung aufs Töpfchen vorkommen können, wie etwa die Situation: Es geht trotzdem etwas daneben. Der vorbildliche Umgang damit: „Ist nicht schlimm", tröstet Willies Vater. Statt Druck Verständnis und Ermunterung: „Versuch es später noch einmal."

Ein anderes Mal sitzt Willie vergeblich auf seinem Töpfchen. Die klare Botschaft an die kleinen Leser: Das passiert jedem einmal, das ist ganz normal! Schließlich klappt es aber doch – weil Willie jetzt so schnell laufen kann. Dieser erfolgreiche Abschluss macht Kindern Mut, es auch einmal ohne Windel zu probieren: Trotz einiger anfänglicher Schwierigkeiten – es wird schon klappen! Und mit dem Wissen kann ich das Gefühl, ohne Windel auszukommen, so richtig genießen!

Daniela Kulot
Mama hat was mitgebracht
32 Seiten
ISBN 13: 978-3-522-43493-5, ISBN 10: 3-522-43493-5

Leas Mutter hat ihrer Tochter ein Paar Schuhe mitgebracht. Wunderschön, findet Lea. Allerdings sind sie zum Schnüren – und Lea kann noch keine Schleife binden! Sie beschließt: „Die Schuhe müssen weg, damit Mama sie nicht mehr findet." Doch wohin? Am besten auf den Dachboden, wo schon viele andere Kartons mit ihren Babykleidern stehen. Nur: Um die hat ihre Mutter eine Schleife gebunden. Wenn Lea den Schuhkarton tarnen möchte, muss sie also dasselbe tun. Und siehe da – ohne darüber nachzudenken, hat sie plötzlich eine Schleife vollbracht!

Ein jeder erinnert sich: Eine Kindheit besteht aus vielen Herausforderungen. Ob ein Glas Milch eingießen, die Haustür aufschließen, Fahrrad fahren oder Schwimmen lernen – vieles, was uns heute selbstverständlich ist, erscheint einem Kind zunächst als eine schier unlösbare Aufgabe. Im Laufe der Zeit lernt es viele Dinge – am besten nebenbei und aus eigenem Interesse. Erfolgsdruck und Vergleiche mit anderen hingegen sind schlechte Lehrer, wie die Geschichte von Lea an einem kindgerechten Beispiel zeigt.

Eine Schleife zu binden ist eine schwierige motorische Aufgabe für Vorschüler. Und Lea steht unter gewaltigem Druck, das zu lernen. Denn alle anderen Kindergartenkinder können sich bereits selbst die Schuhe zubinden. Außerdem sind ihre neuen Schuhe so schön rot, dass Lea sich selbst zusätzlich fordert – so sehr, dass sie es auf einen Versuch gar nicht mehr ankommen lässt. Eine Situation, die nahezu jedes Kind kennt. Umso offener ist es für den Ausweg, den die Geschichte aufzeigt: Etwas ist viel schneller gelernt, wenn man sich der Sache ohne Druck nähert. Eine gute Lösung ist es zum Beispiel, in einer ganz anderen Situation zu üben. Ohne Unsicherheit und ohne sich selbst zu bremsen, schafft man, an was man sich vorher nicht heranwagte.

Zugleich sind Eltern angesprochen, ihrem Kind entsprechende Möglichkeiten zu bieten. Statt es aufzufordern, etwas zu üben, können sie ihm einen Anreiz schaffen, der es aus eigenem Willen dazu bringt, sich mit einer Sache auseinander zu setzen.

Schließlich ist auch hilfreich, sich zu verdeutlichen, wie schwierig manche Aufgaben für Kinder sind. Eine Schleife zum Beispiel ist nämlich recht kompliziert. Darum liefert das Bilderbuch die Anleitung auch gleich mit – für kleine und große Leser.

Barbara Moßmann
Willie traut sich was
32 Seiten
ISBN 13: 978-3-522-43496-6, ISBN 10: 3-522-43496-X

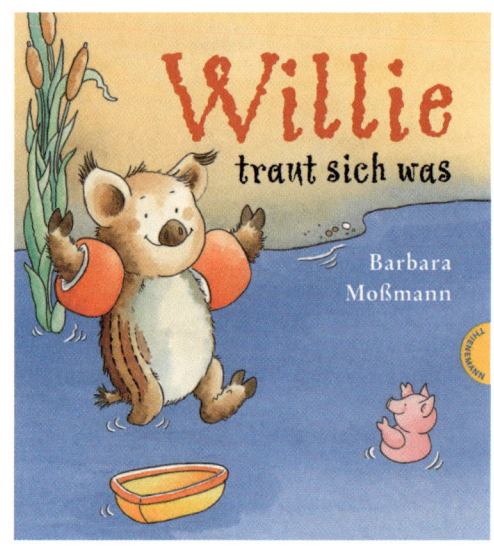

Willie ist zwar das wildeste kleine Wildschwein von allen – aber er traut sich nicht ins Wasser. Während Mutter, Vater und Geschwister munter im See plantschen, spielt er lieber an Land. Nur die Schwimmflügel trägt er auch dort, denn die sind so hübsch rot. Doch plötzlich passiert es: Willies Schmuseschweinchen treibt auf den See hinaus. Ganz klar, das Schmusetier braucht Hilfe, sofort. Willie nimmt seinen ganzen Mut zusammen, springt ins Wasser und rettet das Schweinchen. Und nicht nur das: Er entdeckt seinen Spaß am Wasser und möchte nun auch Schwimmen lernen!

Schwimmen lernen ist in vielen Familien ein großes Thema. In der Badewanne ist das nasse Element willkommen – Schwimmbecken, See oder Meer sind vielen Kindern jedoch unheimlich. Wie können sie ihre Angst überwinden? Willies Geschichte präsentiert einen wichtigen Ansatz: Am besten, wenn sie frei und ohne Druck handeln dürfen und selbst entscheiden können, ob sie sich hineinwagen. Das kleine Wildschwein entscheidet sich erst einmal dagegen, ist damit zufrieden und hat am Strand viel Spaß. Doch dann geschieht etwas: Das Schmusetier schwimmt weg. Willie sieht sich vor der klaren Herausforderung zu handeln. Das fordert ihm viel Überwindung ab. Kinder erfahren dabei: Auch andere kennen das Gefühl der Unsicherheit. Es ist also ganz normal, dass ich erst einmal zögere. Zugleich bestärkt das Vorbild Willie sie aber, etwas zu wagen.

Denn das kann ganz neue, spannende Horizonte eröffnen.

Willie zeigt den kleinen Lesern zugleich eine Lösung, wie man sich Herausforderungen nähern kann: Schritt für Schritt! Er selbst lernt das neue Element ganz in Ruhe kennen: hineinrennen, herumpaddeln, untertauchen. Schließlich ist er so weit, dass er selbst den letzten großen Schritt setzen möchte: Schwimmen lernen! Und wenn Willie sogar seinem Schmusetier das Schwimmen beibringen kann, kann das so schwer gar nicht sein!

Willies Geschichte erzählt nicht zuletzt auch vom Zusammenspiel von Mut und Selbstbewusstsein. Kinder lernen, wie gut es tut, etwas in Angriff zu nehmen, was einem zunächst nicht leicht fällt. Wer schließlich doch etwas geschafft, gelernt, erreicht hat – der fühlt sich einfach großartig! Und das ist – so sehen Willies Eltern das ganz richtig – natürlich ein Lob wert!

Barbara Moßmann
Willie hilft mit
32 Seiten
ISBN 13: 978-3-522-43477-5, ISBN 10: 3-522-43477-3
außerdem lieferbar:
Das kleine dicke Willie-Buch mit allen
Geschichten aus der Willie-Reihe, 160 Seiten
ISBN 13: 978-3-522-43511-6, ISBN 10: 3-522-43511-7

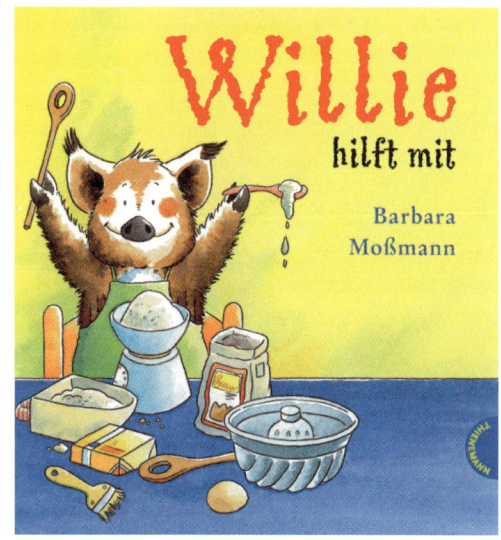

Willie will seiner Mutter helfen. Darum geht er auch nicht mit dem Vater und den anderen kleinen Wildschweinen zum Spielplatz, sondern bleibt zu Hause. Und da gibt es viel zu tun: Willie räumt seine Spielsachen auf, hilft beim Wäscheaufhängen, schwingt den Staubsauger und macht sich in der Küche nützlich. Manchmal geht zwar etwas schief, anderes muss Willie erst lernen. Aber eine ganze Menge kann er auch schon allein. Und schließlich ist ein leckerer Kuchen fertig, den die ganze Wildschweinfamilie sich schmecken lässt.

Den „Großen" helfen zu wollen ist ein typischer Wunsch im Vorschulalter. Kinder lernen dabei die Welt kennen, erproben neue Verhaltensweisen, entdecken eigene Fähigkeiten, üben Rollen. Nicht zuletzt fühlen sie sich ernst genommen und „groß". Alles zusammen gibt ihnen wichtige Hilfestellungen auf dem Weg zu einem gesunden Selbstbewusstsein. Wenn es um die Frage geht, wie Eltern mit diesem Wunsch umgehen können, gibt Willies Mutter also ein gutes Vorbild ab: Den Nachwuchs helfen lassen! Sie zeigt auch gleich, was dabei wichtig ist: Dem Kind vertrauen, ihm etwas zutrauen und es alleine handwerken lassen. Es für seine Erfolge loben und es trösten, wenn etwas nicht gleich funktioniert. Und es mit entscheiden lassen, etwa was für einen Kuchen es geben soll. Für ein Kind ist das ein wichtiges Signal, dass seine Meinung zählt. Zugleich kann es in seiner Helferrolle lernen, Verantwortung zu übernehmen. So ist für Willie ganz klar, dass er nach dem Backvergnügen auch an den Aufräumarbeiten beteiligt ist. Eltern, die ihr Kind auf diese Weise liebevoll begleiten, bestärken ihren Sprössling ungemein.

Das Helferspiel regt Kinder darüber hinaus an, in neuen, unbekannten Zusammenhängen bereits bestehende Fähigkeiten anzuwenden und somit immer sicherer zu werden. Willie erweist sich zum Beispiel in verschiedenen Situationen als kleiner Rechenkünstler, der bereits bis drei zählen kann. Gleichzeitig können Kinder Neues hinzulernen – auch Dinge, von denen sie glauben: „Das kann ich nicht." Im Rahmen einer spannenden Handlung fällt es leichter, es einfach einmal auszuprobieren. So stellt Willie etwa fest, dass er mit den zerbrechlichen Eiern gut umgehen kann. Eine tolle Erfahrung für sein Selbstbewusstsein!

Was passiert um mich herum?: Natur – Tiere – Umwelt

· ·

DR. CAROLA OTTERSTEDT

Das jährliche Wachsen und Vergehen, das Wiederkehren der Natur ist ein hilfreicher Lebensfaden, ein praktischer Ratgeber in der Begleitung von Kindern, ein Weg durch unser eigenes Leben. Geduldig die Natur und die Tiere beobachtend, unterstützt uns unsere Umwelt im Alltag wie auch in herausragenden Situationen, bietet Erklärungsbeispiele, tröstet, gibt uns Kraft und regt zu Spielen und Lebensfreude an. In und mit der Natur leben heißt, den Kindern eine stabile Basis für ihr Leben zu vermitteln und jederzeit, an jedem Ort in der Natur einen zuverlässigen Partner zu finden. Dies ist besonders schön in einer Umwelt, in der Tiere und Pflanzen noch in ihren angestammten Lebensräumen leben können. Dies ist aber auch dort heilsam, wo wir Tiere in artgerechter Haltung im eigenen Heim oder im Tierpark direkt begegnen können.

Die folgenden Bücher regen auf lustvolle Weise zum Leben mit der Natur an. Jeden Tag die Natur bei Wind und Wetter zu genießen fördert nicht nur die körperliche Gesundheit des Kindes. In der Natur werden Kinder ausgeglichener und seelisch kräftiger.

In Zeiten der hohen Anforderungen an unsere Kinder ist die Natur nicht nur ein preisgünstiger, sondern vor allem auch ein sehr kostbarer und daher schützenswerter Erholungsraum für alle Lebewesen. Der direkte und mit allen Sinnen erfahrbare Kontakt zur Natur ist wichtig, denn: Nur was wir lieben, das schützen wir auch.

Die Bilderbücher zeigen viele kreative Wege im Umgang mit Mensch und Natur auf und unterstreichen auch das Engagement im Tier- und Naturschutz.

Das Beobachten von Natur, Tieren und Pflanzen bildet nicht nur eine wichtige Grundlage für den Kontakt zu den tierischen Lebewesen um uns herum, sondern auch für das soziale Miteinander unter Menschen. Die behutsame und gewaltfreie Art im Umgang mit Tieren bietet Kindern ein gutes Beispiel für die friedvolle Begegnung zwischen Menschen. Für den Dialog zwischen Mensch und Tier wiederum ist die gerade auch bei Kindern so beliebte Körpersprache sehr hilfreich. Die Imitation der Körpersprache sowie der Laute der Tiere und viele in den Büchern dargestellte Spiele unterstützen den einfühlsamen Kontakt zu Tieren und zu Pflanzen, zur Umwelt allgemein.

Der Mensch fühlt sich aufgrund seiner uralten Erfahrungen traditionell zur Natur hingezogen.

Das Leben in den so genannten modernen Gesellschaften verlangt von den Menschen vielfältige Fähigkeiten, sodass die meisten Erwachsenen inzwischen im Kontakt zu Tieren und Pflanzen verunsichert sind. Die vorgestellten Bücher wecken auch in Erwachsenen die neue Lust auf Natur und helfen, diese wieder neu zu entdecken.

Bianka Minte-König/Constanze Schargan
Erlebniswelt Zoo
32 Seiten
ISBN 13: 978-3-522-43501-7, ISBN 10: 3-522-43501-X
mit Malbuch:
ISBN 13: 978-3-522-43527-7, ISBN 10: 3-522-43527-3
nur Malbuch, 30 Seiten
ISBN 13: 978-3-522-43523-9, ISBN 10: 3-522-43523-0

Im Zoo leben Tiere aus allen Teilen der Welt. Tiere, die uns, wie andere Kulturen, zunächst unbekannt sind. Die wir aber kennen lernen, sehen, hören, riechen und manchmal auch begreifen können. Nur durch die Begegnung mit unseren Sinnen lernen wir das Leben von Tieren und Kulturen, von anderen Lebensweisen achten, schätzen und schützen. Gerade hier leisten Zoos einen wichtigen Beitrag: Wir schützen meist nur, was wir kennen. Die Tierparks geben die Möglichkeit, auch bedrohte Tierarten beobachten und etwas über ihre natürlichen Lebensräume erfahren zu können.

Das Bilderbuch ist als Rundgang durch einen Zoo konzipiert, durch den die Leser gemeinsam mit einer Gruppe von Kindern „geführt" werden. Auf großflächigen, detailgetreuen Abbildungen werden die einzelnen Tierarten vorgestellt. Zusätzlich gibt es in der Mitte des Buches eine Panoramaseite zum Ausklappen, auf der die Tiere in ihrer natürlichen Umgebung gezeigt werden. Informationen zu bedrohten Tierarten bekommt man dort außerdem in Form von Steckbriefen der Tiere. Am Ende des Buches findet sich ein Glossar mit Fragen und Antworten rund um den Zoo. Das Buchprojekt wurde ausgezeichnet vom EEP (Europäisches Zuchterhaltungsprogramm).

Das Buch regt an, beim Lesen eigene Fragen zu stellen und es so wie einen richtigen Zoobesuch erlebbar zu machen: „Welche Bärenarten gibt es?", „Welcher der Elefanten ist wohl die Leitkuh?", „Warum schauen bei den Wombats die Kleinen nach hinten aus dem Beutel?" etc. Überlegen Sie sich doch einfach weitere Fragen, die das Kind durch das Betrachten der Bilder beantworten kann, oder lassen Sie Ihr Kind Fragen stellen, die Sie beantworten müssen. Machen Sie verschiedene Tiere nach. Wie fühlt sich das Putzen des Putzer-Vogels wohl an? Krabbeln Sie sich mit den Fingern ruhig mal gegenseitig den Rücken hinauf und hinunter, wenn Ihr Kind es mag!

Der Wegeplan des Zoos lädt außerdem ein, sich vor dem Lesen des Buches zu orientieren und begleitend zum Lesen zum Beispiel mit kleinen Spielfiguren den Weg auf dem Plan nachzuvollziehen. Im Anschluss kann man auch mit dem Plan spielen: „Wo findest du auf dem Plan die Tiere der Titelseite?", „Wie würdest du gerne durch den Zoo gehen?", „Welcher ist der kürzeste Weg von den Affen zum Spielplatz?"

Mit einem kleinen Papierboot kann man den Weg auf dem Fluss entlangfahren. Welche Tiere kann man dabei in welcher Reihenfolge sehen? Zusätzlich gibt es ein wunderschönes Malheft zu diesem Buch, welches weitere Fragen kindgerecht beantwortet, den Zoobesuch und die Lebenssituation einzelner Tierarten noch einmal erleben lässt.

Bianka Minte-König/Hans-Günther Döring
„Komm mit"-Reihe, alle 24 Seiten,
mit Erlebniskarten (bis auf Sammelband)

**Komm mit,
wir entdecken den Frühling**
ISBN 13: 978-3-522-43351-8, ISBN 10: 3-522-43351-3

**Komm mit,
wir entdecken den Sommer**
ISBN 13: 978-3-522-43353-2, ISBN 10: 3-522-43353-X
Empfehlungsliste
pädagogisch wertvoller Bilderbücher 2003

**Komm mit,
wir entdecken den Herbst**
ISBN 13: 978-3-522-43335-8, ISBN 10: 3-522-43335-1
Empfehlungsliste
pädagogisch wertvoller Bilderbücher 2001

**Komm mit,
wir entdecken den Winter**
ISBN 13: 978-3-522-43352-5, ISBN 10: 3-522-43352-1

**Komm mit,
wir entdecken die Jahreszeiten**
Sammelband, 80 Seiten
ISBN 13: 978-3-522-43438-6, ISBN 10: 3-522-43438-2

**Komm mit,
wir entdecken die Berge**
ISBN 13: 978-3-522-43401-0, ISBN 10: 3-522-43401-3
Empfehlungsliste
pädagogisch wertvoller Bilderbücher 2004

**Komm mit,
wir entdecken den Fluss**
ISBN 13: 978-3-522-43461-4, ISBN 10: 3-522-43461-7

**Komm mit,
wir entdecken das Meer**
ISBN 13: 978-3-522-43418-8, ISBN 10: 3-522-43418-8

Die in den Jahreszeiten-Büchern dargestellte Tradition der wiederkehrenden Natur (Frühling, Sommer, Herbst, Winter), das Wachsen, Erblühen, Vergehen, Ruhen und erneute Wachsen und Erblühen, kann ein hilfreicher Weg durch das Jahr und das Leben sein. Ebenso wie die Natur benötigen auch Kinder Wasser, Licht und Luft zum Leben. Die Reihe der „Komm mit"-Natur-Bücher umfasst neben den Jahreszeiten auch die Themen Fluss, Berge und Meer.

Die Bücher bieten viele Parallelen zum alltäglichen Leben und gute Anregungen zur Unterhaltung sowie zur Beobachtung der Natur und des menschlichen Lebens in Stadt und Land. Zusammenhänge (zum Beispiel wie die Milch in den Supermarkt kommt) werden Kindern verständlich dargebracht.

Jedes Buch besteht aus acht Doppelseiten, auf welchen jeweils ein Thema behandelt wird (zum Beispiel „Frühling im Garten", „Geheimnisvoller Sommerwald"). Zu jeder Doppelseite gibt es am Schluss des Buches eine Erlebniskarte mit vielen lustigen Ideen für Spiele in der Natur, Bastelvorschlägen – nicht nur für Regentage –, einfachen Rezepten sowie interessanten und leicht zu vermittelnden Informationen über Natur, Tiere und Umwelt.

Gemeinsam mit den Kindern Julia und Lucas erleben die jungen Leser in den Jahreszeiten-Bänden die Veränderungen der Natur im Jahreslauf: Mit dem Frühling beginnt das neue Jahr in der Natur. Die Tage werden länger und wärmer, alles beginnt zu wachsen. Die Tiere bekommen Nachwuchs. Die Blumen und Kräuter werden gepflanzt, und die Menschen beginnen wieder mehr in die Natur zu gehen.

Der Sommer ist voller Eindrücke in der Natur: bunte Schmetterlinge, Ernte von Gemüse und Obst, Blumen und Tiere auf den Wiesen sowie Heide und Berge, Meer, Badeseen und vieles mehr. Die Zugvögel ziehen im Herbst in den Süden. Schnecken, die in den feuchten Herbstmonaten gern herauskommen, sind besonders für Kinder interessante Tiere, denn gerade bei ihrem gemäßigten Tempo kann man sie gut beobachten. Jetzt ist auch die Zeit der wunderschönen Laternenumzüge. Der Winter ist nicht nur für die Natur und die Tiere eine Ruhepause. Kuscheln Sie sich doch mal zum Vorlesen mit Ihrem Kind in eine gemütliche Deckenhöhle oder machen Sie winterliche Vorlesestunden bei Kerzenschein, Plätzchen und heißem Kakao zur kuscheligen Familientradition. Draußen kann man jetzt Tierspuren im Schnee betrachten.

Die „Komm mit"-Bände über den Fluss, die Berge und das Meer beschreiben, ebenfalls mithilfe von Geschichten über Julia und Lucas, spezielle Lebensräume in der Natur. Aus den wunderschönen Erlebniskarten des Fluss-Buches kann man zum Beispiel einen Fluss gestalten und diesen mit kleinen Schiffchen befahren. Dazu gibt es Tiere zum Ausschneiden, die von den Kindern in ihren natürlichen Lebensräumen angesiedelt werden können.

Eine von vielen Möglichkeiten, die „Komm-mit"-Reihe zu nutzen: Lesen Sie ruhig erst einmal die verschiedenen Erlebniskarten und wählen Sie danach aus, welche Seite im Buch, welche Spiele, Rezepte und Bastelideen Sie mit dem Kind besonders intensiv betrachten wollen bzw. zeitlich umsetzen können. Sie können das Schwerpunktthema auch nach der Jahreszeit oder nach einem wichtigen Thema in Ihrem derzeitigen Leben auswählen. Versuchen Sie beim Vorlesen und Spielen möglichst Bezug zu Ihrem Leben in der Familie herzustellen. Statt gleich alle Buchseiten oder Erlebniskarten zu präsentieren: Manchmal ist weniger mehr. Probieren Sie mit Ihrem Kind frei zu gestalten, zum Beispiel Such-Fragen zu entwickeln und zu lösen („Wo ist das Eichhörnchen auf dieser Seite?", „Wie läuft der Frosch?"), oder bieten Sie bereits bekannte Spiele und Basteleien an, die zu dem Thema des Buches passen. So wird die gemeinsame Zeit mit dem Kind ein tolles und sehr persönliches Erlebnis.

Christa Holtei/Astrid Vohwinkel
Nanuk will fliegen
32 Seiten
ISBN 13: 978-3-522-43489-8, ISBN 10: 3-522-43489-7

Ein schönes Buch aus einer uns zunächst ganz fremden Natur, der ewigen Eiswüste. Nehmen Sie sich ruhig etwas Zeit, vor dem gemeinsamen Betrachten des Bilderbuches mit Ihrem Kind die am Ende aufgezeigten Informationen zur Kultur und Sprache der Inuit sowie zur Lebensweise der Eisbären in Kanada in sich aufzunehmen. So können Sie wichtige Fragen Ihres Kindes bereits beim Betrachten der Bilder beantworten.

Das Buch erzählt mithilfe der Geschichte eines kleinen Eisbären von der jährlichen Begegnung zwischen Mensch und Eisbär in der Stadt Churchill (Kanada) und dem Rücktransport der Eisbären per Hubschrauber hinaus in die arktische Weite.

Die Geschichte des Eisbärenjungen Nanuk und seiner Mutter Anaana beschreibt darüber hinaus die enge, vertrauensvolle Beziehung zwischen Mutter und Kind, aber auch die Wahrung von persönlichen Träumen: Nanuk träumt schon lange vom Fliegen, und dieser

Christa Holtei · Astrid Vohwinkel
Nanuk will fliegen

Traum geht schließlich mit dem Hubschrauberflug für ihn in Erfüllung. Die Geschichte dieser Eisbären ist auch ein wichtiger Beitrag zum Verstehen der großen Zusammenhänge, wie sich ausweitende Lebensräume der Menschen die Tiere und ihr Verhalten beeinflussen und warum immer wieder die Tiere in der Natur umgesiedelt werden müssen. Der Hintergrund des Buches ist real; auch darum ist dies eine gute Geschichte für Kinder und Erwachsene.

Einige Anregungen zum Lesen des Buches:
Beim Tierparkbesuch ist es bestimmt schön, noch mal das Nanuk-Buch dabeizuhaben und die Tiere in Inuktitut, der Sprache der Inuit, anzusprechen. Eisbären sind Einzelgänger. Es ist immer wichtig, auf die Gefährlichkeit der Tiere hinzuweisen. Man kann ihre Gefährlichkeit an ihrem Gesicht und ihrer Körperhaltung nicht erkennen.

Übernehmen Sie ruhig das Anschnallen von Nanuk im Hubschrauber für eventuelle Diskussionen im Auto darüber, ob alle Beifahrer angeschnallt werden müssen. Auch wenn ein Auto kein Hubschrauber ist, es gibt viel mehr Autos, mit denen man zusammenstoßen könnte!

Welche Geschichten könnte die Schneeeule aus dem Buch wohl erzählen? „Als die Schneeeule einmal auf das Meer hinausflog und auf einem großen Schiff landete, lernte sie den Schiffshund Karo kennen, der erzählte ihr …" oder: „Als die Schneeeule auf einer Eisscholle landete, begegnete sie einer Walfischfamilie, die von ihrer Reise um die Welt erzählte …" Lassen Sie jeden in der Familie oder Kindergruppe die Geschichte weitererzählen, so entstehen wunderschöne und sehr witzige Erzählungen.

Welche Träume haben Sie, hat Ihr Kind? Wie könnte man die Träume erfüllen? Nanuks Traum vom Fliegen hat sich erfüllt, allerdings auf eine ganz andere Weise, als er dachte. Träume sind wichtig, auch wenn sie manchmal ganz anders erfüllt werden, als wir erwarten. Es gilt, das Wesentliche in seinem Traum zu entdecken. Das Aufmalen der Träume ist dabei ein sehr kreativer und guter Weg – für Kinder wie für Erwachsene.

Weitere Bilderbücher
zum Thema „Natur – Tiere – Umwelt":
Stefan Lemke
Thienemanns Riesen-Weltatlas für Kinder
s. S. 108

Wer bin ich?: Sinnsuche – Philosophie – Zeit – Tod

CHRISTIANE BENTHIN

Kinder stellen manchmal erstaunliche Fragen, die einen als Erwachsenen erst einmal stutzig machen. Vor allem, weil diese Fragen oft so unvermittelt kommen. Dann steht man da und merkt: „Ich habe gar nicht gleich eine Antwort parat!" Möglicherweise ist man noch souverän genug, das Kind um einen Augenblick des Nachdenkens zu bitten, merkt aber auch dann: Man weiß es nicht. Weil es auf solcherlei Fragen gar keine einzig richtige Antwort gibt. Weil man selbst vielleicht noch nie ernsthaft darüber nachgedacht hat. Weil man vor der möglichen Antwort selbst Angst hat. Oder auch – wie es insbesondere bei Fragen um den Tod und das Sterben der Fall ist – weil es sich um ein gesellschaftlich tabuisiertes Thema handelt.

Es ist entlastend, zu wissen, dass auch Erwachsene nicht auf alles eine Antwort haben müssen. Das einzugestehen und dem Kind zu sagen: „Weißt du was: Das ist eine kluge Frage! Über die habe ich noch nie richtig nachgedacht!" ist allemal besser als der abwürgende Satz: „Das verstehst du erst, wenn du groß bist!" Der ist erstens sehr unbefriedigend und zweitens gelogen, denn: siehe oben!

Kinder haben ein Recht auf solche Fragen. Sie sind dabei, ihren persönlichen Platz auf der Welt zu finden und den Sinn ihres Lebens zu entdecken. Wir Erwachsene müssen ihnen dabei helfen. Wir alle wissen, wohin es führen kann, wenn ein Mensch seinem Leben keinen Sinn zu geben weiß.

Kinder denken nach und hinterfragen, was wir im Lauf unseres Lebens bereits hinzunehmen gewohnt sind. Sie haben oft schon Vermutungen – beides, Nachdenken und Vermutung, steht hinter ihren Fragen. Darum ist es hilfreich, zurückzufragen: „Du hast dir bei deiner Frage sicher etwas überlegt. Kannst du mir das erzählen?" Und dann die eigenen Erklärungsversuche dem Kind zu erläutern: „Ich denke mir, dass …" – und anzuschließen: „Niemand kann das aber ganz genau wissen; manche denken anders darüber." Mit Kindern kann man das Philosophieren wieder neu üben. Die Welt befragen und hinterfragen und schließlich neu wahrnehmen.

Familien mit religiösem Hintergrund werden diese Gespräche vielfach anders führen als nicht gläubige. Wichtig ist, dass das Kind seine Fragen nicht ausgeredet bekommt. Dass es spürt: „Der Erwachsene interessiert sich *mit* mir zusammen. Diese Frage ist wichtig und macht auch Mama oder Papa schlauer!" Bilderbücher können auf diesen suchenden Wegen hilfreich sein. Beim Vorlesen von Bilderbüchern formulieren wir gemeinsam mit dem Kind solche Fragen und denken weiter. Oder wir stehen vor einer großen Frage und suchen ein Buch aus, von dem wir uns anregende Antworten erhoffen. Im Zusammenhang mit den folgenden Titeln wäre beides vorstellbar.

Elizabeth Liddle/Imke Sönnichsen
Mama, wie groß ist der Himmel?
48 Seiten
ISBN 13: 978-3-522-30032-2, ISBN 10: 3-522-30032-7

„Pip stellte gern Fragen, besonders vor dem Einschlafen. Manchmal wartete er sogar die Antworten ab. Aber am liebsten beantwortete er die Fragen gleich selber." So beginnt Elizabeth Liddle ihre Geschichte, die im Grunde nichts anderes ist als ein Katalog der wichtigen Fragen, die Pip sich über dies und jenes stellt. „Wo ist eigentlich Gott?", „Wo ist der Himmel?", „Wie groß ist der Himmel?" Er stellt diese Fragen abends, wenn seine Mutter ihn zu Bett bringt. Aber er stellt sie nicht unbedingt an seine Mutter, denn oft formuliert er seine eigenen Gedanken dazu, noch bevor die Mutter etwas sagt. Pip hat kluge Antworten. Sie werden immer differenzierter, je älter er wird; und seine Fragen auch. Obwohl die Mutter seine Fragen nicht beantwortet, ist ihre Nähe für sein Nachdenken wichtig.

Das verdeutlichen auch die Illustrationen von Imke Sönnichsen. Die Mutter ist ganz und gar präsent. Man sieht sie nicht etwa, wie sie das Zimmer verlässt oder schon in der Tür steht – nein, sie sitzt oder liegt auf dem Teppich, das Vorlesebuch noch in der Hand oder neben sich liegend. Pip ist in ihrer Nähe, ihr zugewandt.

Auf ihrem Schoß, auf dem Rücken neben ihr liegend. Sie hört Pip zu und findet seine Fragen ganz offenbar wichtig. Aber sie lässt ihm auch seine Antworten. Sie korrigiert nicht und gibt nicht „ihren Senf" dazu. Dies scheint Pip zum eigenen Weiterdenken anzuregen. Dem Betrachter oder Vorleser wird deutlich: Für solche wichtigen Fragen braucht man Geborgenheit. Ganz allein kommt man mit ihnen nicht weiter. Der Tag muss abgeschlossen sein, nichts lenkt mehr ab von dem, was im eigenen Kopf zu Wort kommen will. Dann kommen sie hervor, die Fragen – und die ganz persönlich richtigen Antworten womöglich gleich mit. Und diese Antworten muss jeder finden, damit er in Ruhe und im Gefühl einer tiefen Geborgenheit sein Leben leben kann.

Pip ist klug. Und er trägt seine ihm eigene Weisheit in sich. Seine Mutter spürt das und merkt, dass sie selbst viel davon hat, wenn sie ihrem Kind zuhört. Das ist das Glück, das Erwachsene erleben können, wenn sie den Fragen und Gedanken von Kindern folgen.

Michael Ende/Bernhard Oberdieck
Der Teddy und die Tiere
32 Seiten
ISBN 13: 978-3-522-43138-5, ISBN 10: 3-522-43138-3

Etwas abgeschabt vom Alter und dem vielen Baden und Gebürstetwerden – so sitzt der Bär „Washable" Tag für Tag auf seinem Ehrenplatz in der Sofaecke und fragt sich, wozu er eigentlich auf der Welt ist. Das Kind, dem er gehört hat, ist groß und spielt nicht mehr mit ihm. Seine Frage lässt ihm keine Ruhe, er macht sich auf den Weg und trifft auf unterschiedlichste Tiere. Jedes scheint seinen Sinn im Leben gefunden zu haben, aber Washable merkt bald: Für ihn ist das alles nicht die rechte Antwort. Kurz bevor er aufgeben will, entdeckt ihn ein Kind – eines, das so arm ist, dass es noch nie einen Teddybären besessen hat. Es nimmt Washable zu sich, und von diesem Moment an hat für ihn das Suchen ein Ende.

Dieses Buch ist eine von Michael Ende wunderschön erzählte Geschichte. Die Bilder von Bernhard Oberdieck zeigen Washable als Teddy, wie er sprichwörtlich im Buche steht. Aber das Buch geht in dem, was es zu sagen hat, weit über diese Geschichte hinaus und regt zu intensivem Gespräch an. Einen Ansatzpunkt bietet zum Beispiel schon der Name: „Washable" stand auf einem Etikett am Ohr des Bären geschrieben, als er neu war. Das Kind hielt dieses Wort für den Namen des Bären und nannte ihn deshalb so. Der Erwachsene kann dem zuhörenden Kind hier erzählen, was es mit diesem Schildchen auf sich hatte. Und man kann gemeinsam über Namen nachdenken, denn Namen sind Identität von Menschen und Tieren. Man kann sich mit dem Kind gemeinsam erinnern, wie es seine Kuscheltiere benannt hat und wie es auf die Namen kam. Und man kann erzählen, wie das Kind selbst zu seinem Namen gekommen ist. Welche Gedanken die Eltern dabei gehegt haben. Der Name ist ein Teil der Persönlichkeit. Etwas über den eigenen Namen zu erfahren heißt, sich mit der eigenen Person beschäftigen zu können.

Die eigene Identität zu finden heißt aber auch, einen Sinn in seinem Leben zu sehen. Hierbei kann man dem Weg des Bären folgen und laut nachdenken über die Antworten der Tiere. Eltern und Kinder können „fabulieren", ob sie den Sinn im Leben einer Fliege oder einer Maus wohl genauso formuliert hätten. Oder wie sonst? Und selbstverständlich steht die Frage im Raum: Wozu sind wir wohl auf der Welt – Du? Und ich?

Ein Buch, das Nähe herstellt und das zum Anschauen Zeit und Ruhe braucht.

Jeanne Willis/Tony Ross
Pschscht!
32 Seiten
ISBN 13: 978-3-522-30077-3, ISBN 10: 3-522-30077-7

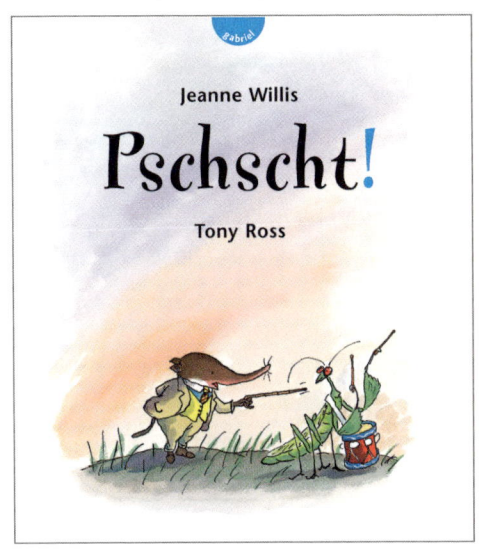

Was ist denn das für ein „Zirkus"? Ein absolut unruhiges Buch schlägt man hier auf. Schon das Vorsatzpapier weckt mit kunterbunten Kritzeleien eine genervte Stimmungslage. Und dann steht da die sehr kleine feine Spitzmaus im seriösen Anzug mit Schlips und Weste, will „wundervolle Neuigkeiten" erzählen, aber niemand hört ihr zu. Wohin die kleine Maus auch geht, überall ist Geschepper, Gezeter, Krach – bei Tag und bei Nacht.

Die Illustrationen von Tony Ross sprechen dazu Bände: Überall herrscht Tohuwabohu. Die Bilder werden obendrein dominiert von weiß abgesetzten Blöcken mit Lautmalereien: „Klick-Klick" und „Blök", „Rums, Dibums" – es nimmt kein Ende. Immer wieder ist die kleine Spitzmaus zu entdecken, die mit ungebrochener Tapferkeit versucht, sich Gehör zu verschaffen – vergeblich. Dabei hat die Spitzmaus ein so wichtiges Geheimnis: Sie „weiß, wie es Frieden gibt auf der Welt". Und sie gibt nicht auf. „Irgendwann wird mir schon jemand zuhören", denkt sie. An diesem Punkt regt

Jeanne Willis die Betrachter des Buches dazu an, einmal ganz, ganz leise zu sein: „Eiiins, zweiii, dreiii … Pschschschscht!" Stille. Eine ganze Doppelseite voller Stille. Es ist gelungen. Und, so die Botschaft der Maus: „Stellt euch mal vor, wenn alle Menschen auf der Welt einfach nur so dasitzen und zuhören würden … Dann wäre auf der ganzen Welt Ruhe und Frieden …" Tja – darüber hat man erst mal nachzudenken.

Dann kann man weiter überlegen. Warum ist es denn oft so laut auf dieser Welt? Warum sind manche Menschen so laut? Was passiert mit einem selber, wenn man die Stille spürt? Welche Gefühle kommen dann hervor? Sind sie schön? Vielleicht auch komisch oder womöglich beängstigend? Wie geht es einem abends, wenn man in seinem Bett liegt, und auf einmal ist es so still? Was ist daran schön? Und was nicht? Was haben Streit und Krieg mit dem Krach auf den Bildern zu tun?

Ein Buch zum Fragenstellen. Und zum Dasitzen und Stillwerden.

Manfred Schlüter
Es war einmal ein kleiner Baum
32 Seiten
ISBN 13: 978-3-522-43448-5, ISBN 10: 3-522-43448-X

Empfehlungsliste pädagogisch wertvoller Bilderbücher 2004

„Es war einmal ein kleiner Baum" ist ein großformatiges Bilderbuch. Man hält es nicht einfach in der Hand beim Vorlesen. Man muss es auf einen Tisch legen oder auf den Fußboden. Es ist auch ein großes, raumgreifendes Thema, das Manfred Schlüter in wenigen Worten und mit großen Bildern darstellt. Es geht um die Zeit, um hunderte von Jahren und darum, wie das Alte und das Junge sich begegnen.

Manfred Schlüter begleitet auf seinen Bildern einen Baum durch sein langes Leben. Er beginnt als junges, zartes Bäumchen in einer weiten Landschaft zur Zeit der Ritter. Als der Baum schon recht mächtig geworden ist, siedeln sich Menschen in seiner Nähe an. Ein Dorf wird gebaut, das zu einer Stadt heranwächst, die sich langsam immer weiter in Breite und Höhe ausdehnt.

Ebenso wie der Baum, um den nun ein Park entstanden ist. Eines Tages kommt ein Kind, das neu in die Nachbarschaft gezogen ist, zu dem Baum. Es schaukelt fröhlich auf einer Schaukel, die jemand in die Äste gehängt hat. In diesem Augenblick sind Vergangenheit und Gegenwart ganz nah beieinander.

Dieses Buch regt wunderbar dazu an, sich mit Kindern auf Zeitreise zu begeben. Und zwar ganz wörtlich – draußen. Es lädt ein, Häuser, Brücken, alte Bäume aufzusuchen, die vor uns da waren und uns vermutlich überdauern werden. Dort kann man sich überlegen oder, wenn man nicht alleine darauf kommt, sich schlau machen: Was haben die wohl alles „gesehen",

„miterlebt"? Davon hat man zweierlei: So ein Baum kann ein Stück erlebte Geschichte werden, die man dann viel besser behält, als wenn man sie „trocken" in einem Lehrbuch pauken muss. Ein Baum vermittelt auch Heimatkunde, wenn man im näheren Umfeld forscht, was zu einer Verwurzelung im Lebensgefühl beitragen kann. Und man lernt, Achtung und Ehrfurcht zu empfinden vor der Zeit und nachzuempfinden, dass das eigene Leben ein Kuchenstück ist von einem großen Ganzen. Dass es ein Vorher gab und dass es ein Nachher geben wird, für das man Verantwortung übernehmen muss. Ein vielschichtiges Bilderbuch, das Erwachsene und Kinder auf unterschiedliche Weise ansprechen und anregen kann.

Hermien Stellmacher/Jan Lieffering
Nie mehr Oma-Lina-Tag?
32 Seiten
ISBN 13: 978-3-522-30066-7, ISBN 10: 3-522-30066-1

Jasper geht gern zu Oma Lina. Eigentlich ist sie gar nicht seine richtige Oma – nur seine Nachbarin. Aber er nennt sie so, und sie ist auch genau, wie man sich eine richtige Oma vorstellt: mit Haarknoten und rundlich, eine Schürze umgebunden in gemütlichem Szenario. (Am Rande kann ich mir eine Bemerkung nicht verkneifen: Sind Omas heute wirklich so? Oder ist das eine große Sehnsucht, die Jan Lieffering in seiner „Bilderbuch-Oma" zum Ausdruck bringt?) Jeden Mittwoch besucht Jasper seine Oma Lina, und zusammen backen sie Pfannkuchen. Aber auf einmal ist alles anders. Oma Lina liegt im Bett und muss schließlich sogar ins Krankenhaus, denn sie hat Herzbeschwerden. Wenig später stirbt sie.

Da Oma Lina keine Verwandtschaft hat, regeln Jaspers Eltern die Vorbereitung für das Begräbnis, und Jasper darf alles miterleben. Er macht sich viele Gedanken und findet für seine Fragen offenes Gehör bei seinen Eltern, die ihm mit Gesprächen Begleitung geben. Jasper darf teilhaben, mitüberlegen und gestalten: zum Beispiel den Verlauf der kleinen Feier nach der Beerdigung, auf der es nach seinem Vorschlag anstatt Kuchen Pfannkuchen für alle Gäste gibt. Die kann Jasper mit ein wenig Hilfe und dem Rezeptheft von Oma Lina alleine backen.

„Nie mehr Oma-Lina-Tag?" ist eine besondere Geschichte vom Umgang mit dem Tod. Sie regt Kinder an, sich Gedanken zu machen und ihre Fragen zu stellen. Gleichzeitig zeigt sie Erwachsenen, dass Kinder keineswegs mit diesem schwierigen Thema überfordert sind, sondern durchaus handlungsfähig und kreativ reagieren. Unter der Voraussetzung, dass Erwachsene ihnen den nötigen Spielraum zugestehen und sie teilhaben lassen.

Das Sterben und der Tod gehören zu den dunklen Seiten unseres Lebens. Traurige oder beängstigende Gefühle lassen wir ungern zu. Das hat dazu geführt, dass das Leid und das Sterben in unserer Kultur sehr an den Rand gedrängt worden sind und im alltäglichen Leben keinen selbstverständlichen Platz mehr haben. Wir haben den Umgang mit dem Ende des Lebens verlernt.

Kinder sind näher dran an ihren Fragen und mit ihren Gefühlen oft noch nicht so vorbelastet. „Nie mehr Oma-Lina-Tag?" kann Kindern und Eltern helfen, einen unkomplizierteren, mutigen Umgang mit traurigen Zeiten im Leben zu finden.

Weitere Bilderbücher zum Thema
„Sinnsuche – Philosophie – Zeit – Tod":

Jude Daly, **Alles hat seine Zeit,** s. S. 92

Irina Korschunow, **Der Findefuchs,** s. S. 78

Michael Ende/Friedrich Hechelmann
Ophelias Schattentheater
Ophelia, eine alte Dame, früher Souffleuse am Theater einer Kleinstadt, nimmt Schatten auf, die zu niemandem gehören. Immer mehr herrenlose Schatten gesellen sich zu ihr, und sie lehrt sie die Worte der großen Dichter sprechen und ihre Tragödien und Komödien spielen.
32 Seiten
ISBN 13: 978-3-522-42520-9, ISBN 10: 3-522-42520-0

Michael Ende/Daniela Chudzinski
Filemon Faltenreich
Eine riesige Kolonie Insekten will der Welt zeigen, dass sie die wichtigsten Dschungelbewohner sind. Beweisen wollen sie dies mit einem Fußballspiel gegen den harmlosen Elefanten Filemon Faltenreich. Aber Filemon merkt gar nicht, dass er herausgefordert wird, er hängt in sich versunken seinen großen Gedanken nach.
48 Seiten
ISBN 13: 978-3-522-43483-6, ISBN 10: 3-522-43483-8

Michael Ende/Manfred Schlüter
Tranquilla Trampeltreu,
die beharrliche Schildkröte
Die Schildkröte Tranquilla Trampeltreu will zur Hochzeit des großen Sultans Leo. Allem Hohn und Spott zum Trotz wandert sie unbeirrt Wochen und Monate. Sie ist fest davon überzeugt, rechtzeitig anzukommen.
60 Seiten
ISBN 13: 978-3-522-41750-1, ISBN 10: 3-522-41750-X

Du bist anders, ich bin's auch: Toleranz – Anderssein

DR. CLAUDIA BLEI-HOCH

Unter dem programmatischen Titel: „Es geht auch anders!" legten bereits 1992 Erziehungs- und Sozialwissenschaftler, Linguisten, Literatur- und Kunstwissenschaftler sowie andere Fachvertreter eine Publikation vor, deren Ziel es sein sollte, der stagnierenden Diskussion über die multikulturelle Gesellschaft neue Impulse zu geben.

Nicht Mitleid, sondern Empathie für die Lebens- und Kulturbiografie der „Anderen", Nicht-Deutschen wurde eingefordert, womit die in der Bundesrepublik lebenden ausländischen Bürger gemeint waren. Nicht Integrations- und Assimilationsanspruch um jeden Preis waren nunmehr die Devise, sondern Akzeptanz und Toleranz gegenüber den ethnischen Minderheiten. Und schließlich ging es nicht mehr vordergründig um Exotik, Verklärung, naive Neugier oder gar Angst und Verdrängung im Umgang mit fremden Kulturen, sondern um die Erweiterung der eigenen Kulturkompetenz durch die Überwindung einer national kulturellen Beschränktheit.

Inzwischen wurden aus diesen Forderungen längst fächerdifferenzierte Erziehungs- und Bildungsaufgaben abgeleitet, die in ihrem Kern immer wieder auf die Toleranz gegenüber anderen Kultur- und Denkweisen abzielen. „Toleranz" verkörpert demzufolge eine Verhaltensform, in welcher ein Mensch zu einem anderen Menschen, zu einem Ding, einer Sache, einer Angelegenheit in Beziehung steht. In jüngerer Zeit erfährt die Auseinandersetzung mit dem Toleranzbegriff im Zusammenhang mit dem Streben nach interkultureller Kompetenz verstärkte Aufmerksamkeit. Damit ist das Anliegen verbunden, Verhaltensformen und -normen der eigenen Kultur zu hinterfragen und nach Wegen gegenseitiger Verständigung zu suchen.

Im Vergleich zu der Aufmerksamkeit, die das Kinder- und Jugendbuch im Prozess der interkulturellen Erziehung und Bildung erfährt, ist die Anzahl an Publikationen zu den kulturvermittelnden Potenzen des Bilderbuchs sehr gering. Dabei bietet gerade das Bilderbuch eine gute Möglichkeit, schon mit kleinen Kindern über das Thema ins Gespräch zu kommen. So sieht zum Beispiel Ursula Dietschi-Keller in ihrem Buch „Bilderbücher für Vorschulkinder" (1995) im Bilderbuch ein Hilfsmittel zur Förderung der Toleranz und des Verständnisses, denn „das in frühen Jahren aufgebaute Problemverständnis ist eine wichtige Basis für die spätere Einstellung und den späteren Umgang mit Menschen anderer Ethnien, die in unserer Kultur mit uns zusammenleben" (ebenda, S. 92). Die folgenden Bilderbücher nähern sich auf unterschiedliche bild- und sprachästhetische Weise diesem Thema.

Literatur:
Ursula Dietschi-Keller
Bilderbücher für Vorschulkinder.
Bedeutung und Auswahl. Zürich 1995

Peter Spier
Menschen
48 Seiten
ISBN 13: 978-3-522-13330-2, ISBN 10: 3-522-13330-7
auch lieferbar im Midi-Format:
ISBN 13: 978-3-522-43485-0, ISBN 10: 3-522-43485-4

Idee und Illustration von Peter Spier

„Stell dir vor", fordert Peter Spier den Leser am Ende seines Bilderbuchs „Menschen" auf, „wie entsetzlich langweilig unsere Welt wäre, wenn alle gleich aussähen, dasselbe essen, denken, anziehen und sich gleich verhalten würden. Und ist es nicht wunderbar, dass jeder Einzelne von uns anders ist als irgendein anderer?" Wer Peter Spiers großformatiges Bilderbuch bis zu dieser Stelle durchgeblättert hat, wird um eine Antwort nicht verlegen sein. Zu unmittelbar wirkt noch der Eindruck der Vielfalt, Farbigkeit, der Lebendigkeit dieses einmalig schönen und doch so widersprüchlichen Planeten Erde mit den auf ihm lebenden Menschen nach, als dass man nicht sofort mit einem lauten „Ja" antworten möchte. Über 25 Jahre sind seit dem ersten Erscheinen dieses Bilderbuchs vergangen, und doch haben weder die Botschaft des Textes noch die der Bilder an Aktualität verloren.

Das Bilderbuch „Menschen" ist ein Streifzug durch sämtliche gesellschaftlichen Bereiche menschlichen Lebens. Ausgangspunkt dieses bunten und reich illustrierten Buches ist der einzelne Mensch, das Individuum, dessen Aussehen so vielfältig ist, wie der Mensch es nur sein kann. Seine Eigenschaften, Hobbys, Spielvorlieben, Wohn- und Lebensräume, Feste und Bräuche, das Essen und Trinken sind nur einige jener kulturellen Aspekte, die das Buch thematisiert.

Dabei wird keine zusammenhängende Geschichte erzählt. Vielmehr reiht sich Bild an Bild, stets berücksichtigend, dass die Beispiele aus zahlreichen verschiedenen Kulturkreisen stammen. Manchmal helfen Bildunterschriften, das Bild zu lokalisieren, häufig ist der Betrachter selbst aufgefordert, auf eigene interkulturelle Erfahrungen zurückzugreifen. Auf diese Weise fordern die Bilder von der ersten Seite an zu einem interaktiven Umgang heraus. Dieses bildnerische Erzählkonzept erhält eine zusätzliche Unterstützung durch einen Text, der sich (zumeist) Bewertungen enthält und stattdessen sachliche Beobachtungen liefert. Diese Beobachtungen sind so allgemein formuliert, dass sie wiederum eine gute Möglichkeit für eigene Deutungsversuche bieten. Auch an dieser Stelle wird also dem Gespräch der Vorrang gegenüber festen Standpunkten gegeben.

Mag das Buch auf den ersten Blick wie ein informatives Bilderlexikon zum Thema „Menschen" erscheinen, so ist es nach mehrmaligem

Durchblättern weit mehr als das. Es weckt auf eigenwillige Weise die Neugierde und das Interesse des kindlichen Betrachters. Und es überlässt dem Leser selbst zu entscheiden, zu welchem Thema er noch mehr erfahren möchte. Somit kann das Buch zum Ausgangspunkt für und Begleiter von Gesprächen zwischen unterschiedlichen Generationen und Kulturkreisen über den „Menschen" werden.

Emma Damon
Iglu, Haus und Zelt – Was ist deine Welt?
16 Seiten mit Spieleffekten
ISBN 13: 978-3-522-30083-4, ISBN 10: 3-522-30083-1
Emma Damon
Gott, Allah, Buddha – Und woran glaubst du?
16 Seiten mit Spieleffekten und Poster
ISBN 13: 978-3-522-30027-8, ISBN 10: 3-522-30027-0
Emma Brownjohn
Groß, Klein, Dick, Dünn –
Ich mag mich, wie ich bin!
16 Seiten mit Spieleffekten
ISBN 13: 978-3-522-30044-5, ISBN 10: 3-522-30044-0

Die Bilderbücher von Emma Damon bzw. Emma Brownjohn beleuchten auf sachliche und zugleich spielerisch-humorvolle Weise ausgewählte Aspekte des menschlichen Lebens in unterschiedlichen Kulturen. Wenn man wie Kinder dabei ist, seinen eigenen Platz in der Gesellschaft, im Freundeskreis und in der Familie zu finden, sind Fragen nach der Art und Weise des Aussehens, des Glaubens und Denkens sowie des Lebens von elementarer Bedeutung. Schließlich verkörpern sie jene Aspekte, die das Gefühl des Zugehörigseins wecken oder vermissen lassen.

Alle drei Bilderbücher setzen auf einen interaktiven Umgang, das heißt der kindliche Leser erschließt sich im Dialog mit dem Buch oder einem erwachsenen Vorleser selbst dessen informativen Gehalt.

Den besonderen Reiz der Bücher macht die spannungsvolle Gegenüberstellung von einem sachlich-informativen Text und den witzig-lebendigen farbigen Zeichnungen aus, die sich, wie in Pop-up-Büchern üblich, oftmals drehen oder klappen lassen. Wenn sich beim Umschlagen der Seiten plötzlich dreidimensionale Kirchenräume eröffnen, wenn man am Ende des Buches selbst ein Haus bauen kann, dann er-

Immer wieder spiegeln die Illustrationen die Vielfalt der Kulturen wider. Dunkelhäutige Menschen sind ebenso abgebildet wie weißhäutige, Eigenes und Fremdes vermischt sich auf spielerische Art und Weise. Mit diesem Konzept dürften diese Bücher nicht nur kleine Kinder fesseln, sondern ebenso den Austausch zwischen Erwachsenen und größeren Kindern über das Gelesene und Gesehene fördern. Damit käme ein Dialog zustande, der für Heranwachsende Toleranz zu einer lebendigen Erfahrung werden lässt.

wecken die Bücher jenes spielerische Moment zum Leben, das Kindern zu Eigen ist. Nüchterne Tatsachen und scheinbar simple Bemerkungen wie zum Beispiel „Viele Menschen leben in einer Großstadt. Viele Menschen leben in einer Kleinstadt …" bekommen durch die Bilder und Bildkonstrukte eine lebendige und anschauliche Gestalt.

Ursel Scheffler/Jan Lieffering
Welche Farbe hat die Freundschaft?
32 Seiten
ISBN 13: 978-3-522-30075-9, ISBN 10: 3-522-30075-0

Kindergartengruppen, in denen Kinder aus verschiedenen Kulturkreisen miteinander aufwachsen, gehören mittlerweile auch in Deutschland zum Alltag zumindest des großstädtischen Lebens. Auch der kleine Max aus dem Bilderbuch von Ursel Scheffler und Jan Lieffering „Welche Farbe hat die Freundschaft?" besucht einen multikulturellen Kindergarten, und seine Freunde Mira und Joshua stammen aus der Türkei bzw. aus Afrika.

Doch erst als Max bei Mira zu Hause ist, erfährt er Genaueres über die Kultur und Tradition in einer türkischen Familie, zum Beispiel was Ramadan bedeutet, was im Koran zu lesen ist und was eine Moschee darstellt. Das Wissen über den Alltag in Miras Familie lässt Max besser verstehen, warum bei Mira manches anders ist, als er es kennt.

Diesen Zweck erfüllt auch das Bilderbuch, des-

Edith Schreiber-Wicke/Carola Holland
Als die Raben noch bunt waren
32 Seiten
ISBN 13: 978-3-522-42830-9, ISBN 10: 3-522-42830-7
auch lieferbar im Midi-Format:
ISBN 13: 978-3-522-43513-0, ISBN 10: 3-522-43513-3

Manfred Schlüter
Der, Die, Das und Kunterbunt
32 Seiten
ISBN 13: 978-3-522-43216-0, ISBN 10: 3-522-43216-9

Die Bilderbücher „Als die Raben noch bunt waren" von Edith Schreiber-Wicke und Carola Holland sowie „Der, Die, Das und Kunterbunt" von Manfred Schlüter stehen stellvertretend für jene Texte und Bilder, die sich dem Thema des Andersseins, -denkens, -aussehens und Fremdseins unabhängig von einem konkreten Kulturkreis zuwenden. Stellvertretend dafür verkörpern Tiere bzw. abstrakte Formen (Kreis,

Eulenspiegel-Preis 1989/90

sen Erzähltext von Ursel Scheffler in unterschiedliche Abschnitte gegliedert wurde. Jeder Abschnitt stellt einen Aspekt des kulturellen Miteinanders in den Mittelpunkt und führt auf diese Weise den kindlichen Leser mit Empathie und Sachverstand an das Thema heran. Die andere Sprache, das andere Aussehen, die fremde Religion und die anderen Essgewohnheiten kristallisieren sich dabei als zentrale Schlüsselthemen heraus. Spielerisch wird das Thema „Aussehen" von der Erzieherin behandelt, indem sie die Kinder das „Anderssein" durch Betrachten ihrer Finger- und Handabdrücke erfahren lässt. Ergänzend treten hierzu die informativen Gespräche, die Max bei Mira zu Hause mit Miras Mutter führt. In diesen Gesprächen werden nicht nur unterschiedliche Perspektiven deutlich, sondern auch unterschiedliche Herangehensweisen an das Thema „Anderssein" vermittelt. Kongenial zum Text sind die Illustrationen gestaltet. Ihre realistische Darstellung fördert die Wiedererkennung der im Text erzählten Geschichte.

als Sympathieträger andererseits klare Botschaften vermitteln helfen. Dem kleinen Rot, Blau und Gelb, die sich von ihren „Stammfarben" entfernen, um sich gemeinsam auf eine Entdeckungsreise in das unbekannte Meer zu begeben, wird man sich ebenso schwer entziehen können wie der Botschaft, dass ein Streit darüber, wie ein echter Rabe aussieht, der Auslöser für einen wunderlichen Regen ist, der aus einer vormals bunten eine grauschwarze Rabenschar macht.

Interessant dürfte das gemeinsame Betrachten beider Bilderbücher sein, da sie sich auf ganz unterschiedliche Art und Weise dem Thema Anderssein nähern. So steht beispielsweise der witzig-schräge Erzähltext von Edith Schreiber-Wicke dem auf Einfachheit und Wiederholung beruhenden Text von Manfred Schlüter sehr spannungsvoll gegenüber. Und die ironisch gebrochenen detailreichen Bilder von Carola Holland bilden einen interessanten Kontrast zu der auf abstrakte Formen reduzierten Bildsprache von Manfred Schlüter. Durch diesen Zugang werden Heranwachsende zwei Text- bzw. Bildinhalte in ihrer Wechselwirkung kennen lernen, die trotz unterschiedlicher bild- und sprachästhetischer Umsetzung im Kontext von Inter- und Multikulturalität stehen und helfen, andere Kulturen akzeptieren und tolerieren zu lernen.

Dreieck, Viereck) symbolisch die Handlungsträger, deren Unterschiedlichkeit durch eine differierende Farb- bzw. Formgebung hervorgehoben wird. Farben und Formen werden somit zu Symbolen für eigene bzw. fremde Denk- und Handlungsweisen. Die Stärke dieser Bilderbücher beruht vor allem auf ihren Handlungsträgern (Raben, bunte Formen), die für Kinder einerseits ein interessantes und ansprechendes Identifikationsangebot darstellen und

Zu dem Bilderbuch „Als die Raben noch bunt waren" gibt es eine Fortsetzung:
Edith Schreiber-Wicke/Carola Holland
Der Rabe, der anders war
ISBN 13: 978-3-522-43158-3, ISBN 10: 3-522-43158-8

Annegert Fuchshuber
Mausemärchen – Riesengeschichte
32 Seiten
ISBN 13: 978-3-522-41850-8, ISBN 10: 3-522-41850-6
auch lieferbar im Midi-Format:
ISBN 13: 978-3-522-43504-8, ISBN 10: 3-522-43504-4

Prämierung der Stiftung Buchkunst
»Eines der schönsten Bücher 1983«
Deutscher Jugendliteraturpreis 1984

Wenn ein Bilderbuch mit dem eigenwilligen Titel „Mausemärchen – Riesengeschichte. Ein halbes Bilderbuch" mit dem Deutschen Bilderbuchpreis ausgezeichnet wurde, kann sich dahinter nur ein sehr besonderes Buch verbergen. Tatsächlich gelingt es kaum einem Bilderbuch zum Themenfeld Toleranz und Anderssein, mit einer so einfachen wie eindrücklichen Idee zu verdeutlichen, dass der Umgang mit Fremdem und Unbekanntem immer einen Wechsel der Eigenperspektive voraussetzt. Denn Annegert Fuchshuber erzählt und illustriert ihre Geschichte mithilfe von zwei halben Bilderbüchern, die sich in der Mitte in wunderbarer Weise zu einem Ganzen fügen, vorausgesetzt man dreht und wendet das Buch in die richtige Richtung!

Beginnt man mit dem Mausemärchen, so lernt man eine Haselmaus kennen, die vor nichts und niemandem Angst hat. Doch gerade ihre Furchtlosigkeit ist es, die ihre Artgenossen skeptisch macht, sodass keiner mit ihr etwas zu tun haben will. Einsam und ohne Freunde, beschließt die Maus auszuwandern. Doch obgleich sie auf ihrem Weg quer durch die westlichen Wälder zahlreichen Tieren begegnet – einen wahren Freund findet sie nicht. Erst mitten auf einer Wiese entdeckt sie ein kuschelig warmes Plätzchen, und fast erscheint es ihr, als ob ein großer Finger sie streicheln würde … Die andere halbe Bilderbuchgeschichte stellt dazu einen vollkommenen Kontrast dar. Nicht nur dass der Held, der Riese Bartolo, ungleich größer ist als die Maus. Er ist auch um ein Vielfaches ängstlicher, genau genommen ein richtiger Angsthase. Seine Ängstlichkeit macht ihn einsam, denn: Wer vor jedem davonläuft, kann keine Freunde finden. Die Sehnsucht nach einem Freund treibt auch den Riesen hinaus in die Natur, auf eine Waldwiese, auf der er erschöpft liegen bleibt, bis er plötzlich das Gefühl hat, dass sich etwas Warmes und Weiches in seine Hand kuschelt …

An dieser Stelle kann die Geschichte einer Freundschaft zwischen zwei Wesen beginnen, die kaum unterschiedlicher sein könnten: klein und furchtlos das eine, groß und ängstlich das andere.

Wie diese Geschichte zu erzählen ist, bleibt dem Leser überlassen, denn mit der Begegnung der beiden lässt Annegert Fuchshuber ihre zwei halben Bilderbücher enden. Diese Offenheit und der spielerische Umgang mit Eigen- und Fremdperspektive machen dieses Bilderbuch auch zwanzig Jahre nach seinem Erscheinen zu einem aktuellen Klassiker. Fuchshubers kontrast- und spannungsreiche Illustrationen, die Bildräume von erstaunlicher Plastizität liefern, regen zusammen mit dem poetisch-vieldeutigen Erzähltext nicht nur zu Gesprächen über das Thema Anderssein an, sondern fordern darüber hinaus zu eigenen kreativen Überlegungen auf.

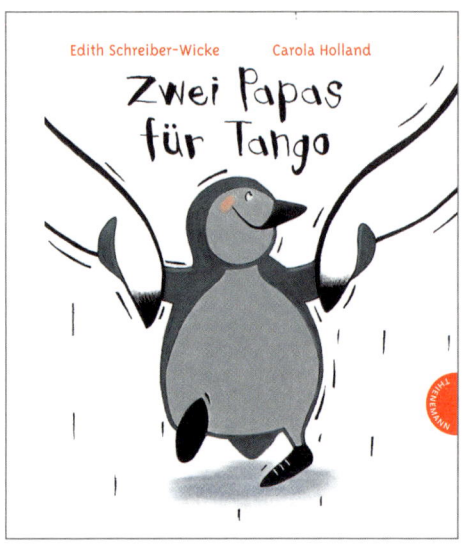

Edith Schreiber-Wicke/Carola Holland
Zwei Papas für Tango
32 Seiten
ISBN 13: 978-3-522-43528-4, ISBN 10: 3-522-43528-1

Toleranz gegenüber anderen beinhaltet nicht nur den Umgang mit anderen Kulturen, sondern schließt ebenso den Umgang mit Menschen ein, die sich für andere Formen des Zusammenlebens entscheiden, so zum Beispiel die gleichgeschlechtlichen Partnerschaften. Edith Schreiber-Wicke und Carola Holland nehmen sich dieses, für ein Bilderbuch nach wie vor noch ungewöhnlichen Themas in ihrer gewohnt humorvoll-ironischen Art an. Zu Hilfe kam ihnen für ihr Bilderbuch „Zwei Papas für Tango" eine Geschichte, die sich so tatsächlich im New Yorker Zoo zugetragen hat. Dort waren zwei männliche Pinguine dabei, ein Nest zu bauen, in dem mithilfe der Pfleger schließlich auch ein Ei landete. Nach langem Warten schlüpfte ein kleiner Pinguin aus und vervollkommnete das Glück der beiden.

Der Erzähltext gleicht einer sachlich nüchternen Beschreibung der Tatsachen und überlässt es dem Leser, einen eigenen Standpunkt zum Geschehen zu beziehen. Sympathie und Empathie für die zwei schwarz-weißen Pinguine stellt sich dank der witzigen Illustrationen sofort ein, weshalb sich die Aufmerksamkeit weit stärker auf den Bruterfolg der beiden als auf die Andersartigkeit der Handlungsträger richtet. Dramaturgisch geschickt wächst von Zeile zu Zeile die Spannung, die sich schließlich erst in einem Abschlussbild der kleinen Bilderbuchfamilie entlädt. Das Spiel mit den Erwartungen des Lesers macht das Vorlesen dieses Buches zu einem amüsanten und unterhaltsamen Abenteuer.

Zum Thema „Toleranz – Anderssein"
siehe auch:
Daniela Chudzinski, **Herbert**, s. S. 128
Daniela Kulot, **Das kleine Krokodil und die große Liebe**, s. S. 11
David McKee, **Elmar**, s. S. 121

So gelingt das Miteinander: Soziale Kompetenz

CHRISTIANE BENTHIN

Wir Menschen sind soziale Wesen. Ganz alleine, isoliert von allen anderen kommen die wenigsten klar. Und als Kind, im Aufwachsen, sind wir sogar dringend auf fürsorgliche Sozialkontakte angewiesen. Noch ganz klein, ist der Mensch ein Egozentriker. Unbewusst davon überzeugt, dass sich die Welt bloß um ihn dreht. „Geben und Nehmen" sind ihm fremd. Positives Sozialverhalten und das, was man „soziale Kompetenz" nennt, sind ihm nicht angeboren, sondern müssen von ihm in Prozessen der Sozialisation und Erziehung erlernt werden.

Wie in einer Gesellschaft „soziale Kompetenz" definiert wird, hängt stark von kulturellen und religiösen Werten ab, ist also nicht überall auf der Welt gleich. Dies wird besonders schwierig, wenn die Definitionen in Zeiten vielfältigen Wertewandels sich verändern und an Verbindlichkeit verlieren. Was ist „soziale Kompetenz" in Zeiten, in denen Ellbogenmentalität bisweilen eher voranbringt als Argumentationsfähigkeit?

In Familie und Kindertagesstätten müssen soziale Kompetenzen – also solche, die den Kontakt unter Menschen gelingen lassen – eingeübt und als erstrebenswert erlebbar gemacht werden. In der Erziehung müssen wir unseren Kindern Werte vermitteln, die einen fairen, über die eigenen Interessen hinausgehenden Umgang mit anderen beinhalten. Und wir müssen den Kindern gleichzeitig dazu verhelfen, mit ihren eigenen Gefühlen, Gedanken und Wünschen im Lot zu bleiben. Sie in Worte fassen und als Gegenstand des persönlichen Interesses in Verhandlungen mit anderen einbringen zu können. Dies erfordert, dass wir als Erwachsene uns unserer eigenen religiösen und kulturellen Werte bewusst sind. Was wolen wir den Kindern im Umgang mit der eigenen Person und ihren Mitmenschen als wertvoll vermitteln? Was leben wir ihnen im Alltag vor? Wofür setzen wir uns ein?

Kinder tun sich bisweilen schwer mit diesen Lernprozessen. Es schmerzt, abwarten zu lernen. Auch einmal nachgeben zu müssen. Aber es macht auch Spaß, jemandem zu helfen oder zu spüren, wie sich echtes Mitgefühl anfühlt. Über den Erwerb sozialer Kompetenzen kommen Kinder erst richtig „in" die Welt, auch wenn sie schon „auf" der Welt sind. Sie machen lebensfähig und machen das Leben lebenswert. Sie sind außerdem ein wichtiger Anteil der individuellen Persönlichkeit eines jeden Menschen. In deren Erweiterung und Veränderung kann und muss er sein Leben lang wachsen.

In den nachfolgend vorgestellten Bilderbüchern werden einige „Türchen" geöffnet, durch die man mit den Kindern darauf schauen kann, wie andere sich verhalten. Im Anschluss kann man überlegen, ob man das gut findet und auch so machen würde. Oder welche Möglichkeiten es sonst noch gibt. Die Bilderbücher sind die Anregung. Der daraus entstehende Dialog die Herausforderung.

Barbara Moßmann

Willie immer zuerst

32 Seiten

ISBN 13: 978-3-522-43469-0, ISBN 10: 3-522-43469-2

außerdem lieferbar:

Das kleine dicke Willie-Buch mit allen
Geschichten aus der Willie-Reihe, 160 Seiten

ISBN 13: 978-3-522-43511-6, ISBN 10: 3-522-43511-7

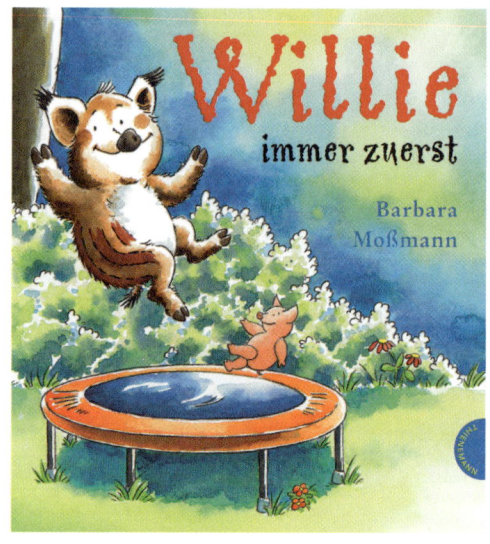

Willie – bekannt aus anderen Geschichten der Bilderbuch-Reihe – hopst auch in diesem Buch selbstbewusst fröhlich durch eine Episode seiner Wildschwein-Kindheit. Der kecke Frischling, schlau, aber bisweilen „unkultiviert", benimmt sich daneben. Und da Willies Handeln von Barbara Moßmann gezielt vermenschlicht ist, benimmt er sich menschlich daneben.

Es ist ein schöner Tag, „heute wird draußen gespielt." Und zwar „immer schön der Reihe nach". So hätte es Willies Mutter gern. Aber Willie prescht vor. Mit selbstbewusstem Grinsen und ohne das geringste Schuldbewusstsein drängelt er die anderen weg. Im Sandkasten oder auf der Rutsche: Willie immer zuerst. Voller Stolz über seine Leistung hopst er auf dem Trampolin herum und wartet auf Applaus; bis er merkt, dass ihm sein ganzes Publikum abhanden gekommen ist. Weggelaufen. Alle stehen inzwischen an der Schaukel, sogar die Eltern, und warten in der Reihe, dass sie drankommen. Willie will dort auch mitmachen, aber er merkt plötzlich, dass er sich an die Regeln halten muss, wenn er überhaupt eine Chance bekommen will. Er kommt im wahrsten Sinn des Wortes nicht daran vorbei. Er ist zappelig, ungeduldig – aber er bleibt in der Reihe stehen. Und dann darf er auf die Schaukel. Er wird von den anderen angeschubst, und

alle schauen ihm zu. Anschließend wird zum Sandkasten marschiert. Dort verteilt Willie großzügig seine mitgebrachten Spielsachen, und es entsteht ein gemeinsames Spiel. Willie strahlt froh; er hat etwas gewonnen, indem er seinen ersten Platz aufgegeben hat. Die farbenprächtigen Illustrationen von Barbara Moßmann ziehen die Betrachter auf leichtmütige Weise in das Geschehen hinein. Die Handlung hat Spannung, denn man ahnt, dass Willies Ellbogengehabe über kurz oder lang Konsequenzen hat. So macht das Betrachten und Blättern Spaß und regt an. Man kann mit dem Kind laut überlegen, wann es sich selbst so benommen hat. Aber auch, wann es andere – auch Erwachsene! – so erlebt hat und wie es dabei empfunden hat. Über das „Sich-Einfühlen" in solche Situationen werden Gedanken angeregt und künftige Möglichkeiten, sich zu verhalten, antizipiert. So ist „Willie immer zuerst" ein schöner Baustein des langen Prozesses, angemessenes Sozialverhalten zu erlernen.

Emma Brownjohn
Lustig, Traurig, Trotzig, Froh –
Ich fühle mich mal so, mal so!
16 Seiten mit Spieleffekten
ISBN 13: 978-3-522-30048-3, ISBN 10: 3-522-30048-3

Gefühle hat man. Sie gehören zu jedem dazu und sind so individuell wie der Fingerabdruck. Sie können einen überrumpeln, erstrahlen lassen, geradezu blind machen – man muss sie irgendwie einsortieren und mit ihnen umgehen lernen. Denn auch wenn man über sie nicht sprechen mag: sie sind da, sie beeinflussen unser Handeln. Und unser Gegenüber nimmt sie – oft unbewusst – wahr und reagiert darauf. Das ist unter Kindern genauso wie unter Erwachsenen. Kinder bringen ihre Gefühle allerdings noch unmittelbarer nach außen als Erwachsene. Das verleitet einen bisweilen zu dem Glauben, Kinder würden unkomplizierter und freier mit ihren Gefühlen umgehen. Aber Kinder sind noch neu auf der Welt und empfinden manches – wie Neid, Eifersucht, aber auch Fürsorglichkeit für andere – zum ersten Mal. Das Empfinden und Zeigen, das Reagieren – es will begleitet sein. Denn Menschen, die im Lauf ihres Lebens zu ihren Gefühlen einen guten „Draht" haben, sie spüren und äußern können, sind lebendig und in gutem sozialen Kontakt mit anderen.

„Lustig, Traurig, Trotzig, Froh" ist eine schöne Anregung, Gefühle benennen zu lernen und darüber ins Gespräch zu kommen. Pfiffige Zeichnungen, die verschiedene Kinder cartoonähnlich in Szene setzen, thematisieren unterschiedliche Gefühlslagen. Klapp-Mechanismen oder Rädchen zum Weiterdrehen laden zum Spielen ein: Sie lassen den Betrachter „dahinter" schauen oder erweitern die Perspektive, indem sie Alternativen aufzeigen.

Das ist ein guter Anstoß zum spielerischen Ausprobieren von gefühlsbetonter Mimik und Gestik. Bei genauerer Betrachtung des Buches kann man mit Kindern reflektieren, woran man die Gefühlslage des anderen erkennen kann und wie man selbst in verschiedenen Emotionslagen im Gesicht und am Körper aussieht. Kindern macht es Spaß, dies im Rollenspiel bis ins Groteske zu überziehen.

Der nächste Schritt ist die Frage, welche Reaktionen die unterschiedlichen Gefühlslagen beim Gegenüber auslösen und wie man sich verhalten kann, wenn der Freund vor Wut tobt oder vor Traurigkeit keinen Ton mehr sagt.

Dieses Buch regt an, über Gefühle zu sprechen. Ein wichtiger Beitrag zum Erwerb von sozialer Kompetenz in unserer Zeit.

Otfried Preußler/Rosi Vogel
Jahrmarkt in Rummelsbach
32 Seiten
ISBN 13: 978-3-522-42870-5, ISBN 10: 3-522-42870-6

In Rummelsbach ist Jahrmarkt, und das kunterbunte Treiben auf jeder Doppelseite lässt einen zunächst ausschließlich an ein Wimmelbilderbuch denken. Es gibt eine Menge zu entdecken, darunter ganz viel Lustiges. Da schleckt ein Hund heimlich am Eis, hinter der Wurstbude muss ein Kind Pipi, und jemand ist eben gerade in einen Hundehaufen getreten. So kann man das Buch betrachten.

Die kurzen Texte erweitern allerdings die Perspektive, denn sie beleuchten jeweils den Blickwinkel einer der dargestellten Personen auf eine andere Figur des Jahrmarkts. Da ist der Billige Jakob, der den Leierkastenmann beneidet, weil dieser bei seiner Arbeit niemals ein Wort zu sagen braucht. Dieser fühlt sich wenig beachtet und würde gern mit dem starken Sassafras tauschen, weil der lediglich seine Muskeln spielen lassen muss, um von allen bewundert zu werden. Für Sassafras allerdings ist das gar nicht so einfach, wie es aussieht – und er blickt voller Neid auf den Seiltänzer. So lernen wir beim Betrachten des Buches verschiedene Figuren kennen, auf den Bildern in ihrer Tätigkeit dargestellt. Die Worte aber lassen uns hinter die Fassaden blicken und darüber nachdenken, was in den Menschen vor sich gehen mag. Es ist eine wunderbare Geschichte, die uns zeigt, dass das, was wir sehen, immer nur ein Teil der Wirklichkeit ist. Und dass das, was wir an anderen mit Bewunderung oder Neid wahrnehmen, für denjenigen selbst bisweilen sogar eine Last bedeuten kann. Wir erleben gemeinsam einen Jahrmarkt, aber letztendlich ist es für jeden seine eigene Welt, die er durch seine eigenen Augen sieht.

Rosi Vogels heitere Illustrationen nehmen der Thematik die Schwere und bieten die Möglichkeit, die Betrachtung auf das Geschehen auf dem Jahrmarkt zu beschränken – oder um geradezu philosophische Fragestellungen zu erweitern.

Über den Wert des eigenen Lebens und den Sinn darin. Über den Neid. Und darüber, dass jeder nach außen etwas zeigt, sich innen aber ganz anderes abspielen kann. Was wäre, wenn wir Gedanken lesen könnten? Kann es manchmal gut und manchmal schlecht sein, nicht zu wissen, was andere über einen denken? Und was sie sich wünschen?

Der nächste Rummelplatzbesuch wird vermutlich von besonderer gedanklicher Aufmerksamkeit begleitet sein …

Michael Ende/Volker Fredrich
Die Rüpelschule
28 Seiten

ISBN 13: 978-3-522-43381-5, ISBN 10: 3-522-43381-5

Verkehrte Welt im Lande Hule Sule. Da gehen Kinder in eine Schule, um genau das zu lernen, was man sich sonst so mühsam abgewöhnen soll. Engelsgleich kommen sie dort an. In weißen Hemdchen, mit Heiligenschein und blassen Gesichtchen. Und dann geht es los mit den Lektionen: Sich etwas nehmen, bevor man fragt. Niemals „Bitte" und „Danke" sagen. Seife hassen, kein Wasser benutzen. Möbel schmierig machen, die Wohnung voll sauen, den Kamm zu den Würsten legen, „sich fläzen und räkeln und quengeln und mäkeln, wie fällt das doch manchen so schwer! Da schwitzen die Kinder schon sehr". Aber allmählich bekommen sie rote Backen dabei. Michael Ende schließt seine anschaulichen Beschreibungen mit den Gedanken an ein paar Kinder („Dabei hab ich nicht dich im Sinn"), die er gerne mal in dieses Land Hule Sule schicken würde, weil sie hier bei uns nur versauern.

Volker Fredrichs Bilder begleiten den Text pfiffig und keck und zeigen Kinder, die beinahe schon Karikaturen ihrer selbst sind. Das Besondere an diesem Bilderbuch ist es, unsere Realität des „guten" Benehmens durch die Verdrehung so in Frage zu stellen. Man fängt an, sich zu wundern. Wer sagt denn, dass richtig ist, was wir richtig finden?

Kinder lernen im Gespräch, dass gutes Benehmen mit einer Kultur zu tun hat und dass Regeln von Menschen ausgedacht sind. Aber wozu denn eigentlich Regeln im Benehmen? Könnte doch jeder machen, was er will. In Hule Sule lassen sie doch auch „die Sau raus". Ja, aber es ist abgesprochen und gewünscht, und darum fühlt sich niemand verletzt und gekränkt bei der ganzen Rüpelei.

Es ist eine wichtige Erkenntnis im Erlernen von sozialer Kompetenz, dass Kinder verstehen, wozu ein gemeinsames Regelwerk im Zusammenleben von Menschen gut und wichtig ist. Regeln und Normen machen es uns einfacher, uns zu verhalten und das Verhalten anderer Menschen zu deuten. Hätten wir sie nicht, müssten wir jedes Mal neu überlegen, nachfragen, Missverständnisse riskieren. Das wäre so anstrengend, wie wenn man allein in ein fremdes Land mit einer anderen Kultur fahren und dort Sitten begegnen würde, von denen man keine Ahnung hat. Das Wissen um unsere Regeln und ihren Sinn muss ja nicht heißen, dass man sie nicht hinterfragt. Wichtig ist aber, die Sinnhaftigkeit der Regelungen im Umgang miteinander für Kinder spürbar zu machen. Nur so kann deren Einhaltung konsequent eingefordert werden.

Beate Dölling/Almud Kunert
Prahlgänschen
32 Seiten
ISBN 13: 978-3-522-43467-6, ISBN 10: 3-522-43467-6

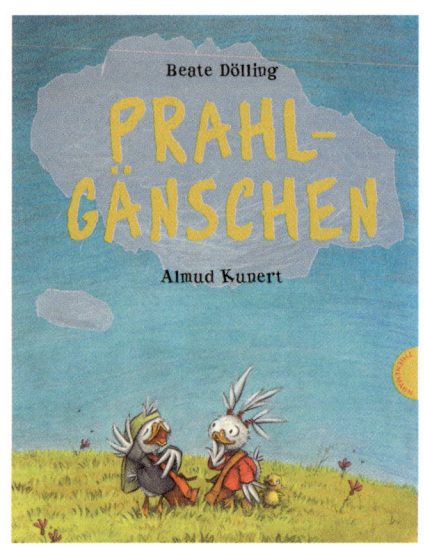

Max und Lulu sind auf dem Weg vom Kindergarten nach Hause. Zum ersten Mal darf Lulu heute mit zu Max gehen. Sie ist ganz gespannt – und er anscheinend schrecklich aufgeregt und auch etwas ängstlich, ob es ihr bei ihm gefallen wird, denn aus heiterem Himmel fängt er eine schreckliche Angeberei über sein Zuhause und seine Familie an. Lulu wird stutzig. Aber nicht verlegen: Sie steigt ein in die Prahlerei, und die beiden schaukeln sich in schwindelnde Höhen.

Das geht den ganzen Nachhauseweg so, bis sie bei Max angekommen sind. Und was ist zu sehen? Ein nettes, aber ganz normales Haus mit netten, aber ganz normalen Eltern, Großeltern und Geschwistern. „Toll", findet Lulu, mit einem zufriedenen Seufzer. „Alles genauso wie bei uns." Wie erleichtert sie ist zu entdecken, dass auch bei Max „nur mit Wasser gekocht wird".

Max und Lulu, zwei ziemlich flippige Gänsekinder, bewegen sich auf ihrem Weg in einer wenig spektakulären Landschaft. Beeindruckend sind ihre prahlerischen Hirngespinste in die Szenen integriert: Ausgerissene Szenen werden in die Landschaft eingeklebt und entwickeln sich so zum erlebten Bestandteil im Gespräch der beiden Kinder.

Warum gibt denn Max so furchtbar an, wenn Lulu doch seine beste Freundin ist? Diese Frage drängt sich auf und muss beim Betrachten besprochen werden. Muss man unter echten Freunden so prahlen? Wie war es Max

möglicherweise zumute, als er seine Freundin zum ersten Mal mit nach Hause nehmen konnte? Welche Möglichkeiten hätte er noch gehabt, mit seiner Aufregung klarzukommen, als derart aufzuschneiden?

Ganz wichtig erscheint mir auch die Frage: Was wäre denn, wenn bei Max zu Hause tatsächlich alles viel größer, toller, beeindruckender wäre, als Lulu es kennt? Kann man dann trotzdem befreundet sein? Es sind überaus menschliche Fragen, die in dieser Tiergeschichte anklingen. Dadurch aber, dass Tiere agieren, kann das betrachtende Kind eine gewisse Distanz zur Handlung einnehmen und fühlt sich nicht so persönlich angesprochen oder gar ertappt. Hierin liegt ein großes Potenzial des Buches, um Klärungen über unangemessene Verhaltensweisen herbeizuführen.

Weitere Bilderbücher
zum Thema „Soziale Kompetenz":

Daniela Kulot
Das kleine Krokodil und die große Liebe
(Thema „Kompromisse finden"), s. S. 11

Ursula Wölfel/Daniele Winterhager
Das schönste Martinslicht
(Thema „Teilen"), s. S. 94

Michael Ende/Reinhard Michl
Norbert Nackendick (Thema „Tyrannei")
Das tyrannische Nashorn Norbert Nackendick
hat alle anderen Tiere aus der Steppe und von
der gemeinsamen Wasserstelle vertrieben. Nun
ist Norbert unumschränkter Herrscher. Nur ein
kleiner mutiger Vogel bleibt bei ihm. Er hat
einen schlauen Plan.
32 Seiten
ISBN 13: 978-3-522-42430-1, ISBN 10: 3-522-42430-1

Rudolf Herfurtner/Reinhard Michl
Gloria von Jaxtberg (Thema „Mobbing")
Gloria ist etwas Besonderes. Sie hat nämlich
goldbraune Locken. Doch wo viel Schönheit
ist, ist auch der Neid nicht fern. Die anderen
Schweine im Stall machen sich immer über sie
lustig. Doch Gloria weiß: Eines Tages wird ihr
Märchenprinz kommen und sie zum glück-
lichsten Schwein der Welt machen.
32 Seiten
ISBN 13: 978-3-522-43357-0, ISBN 10: 3-522-43357-2

Otfried Preußler/Zdeněk Smetana
Pumphutt und die Bettelkinder
(Thema „Umgang mit anderen")
Pumphutt ist ein Müllerbursche, der zaubern
kann. Auf seinen Streifzügen durch die Lausitz
kommt er eines Tages zur Gemauerten Mühle,
wo gerade Hochzeit gefeiert wird. Der Mauer-
müller lädt Pumphutt ein, mit den anderen
Gästen zu schmausen, vier hungrige Bettelkinder aber jagt er davon …
28 Seiten
ISBN 13: 978-3-522-41690-0, ISBN 10: 3-522-41690-2

Ursel Scheffler/Jutta Timm
Der Schutzbengel
(Thema „Verantwortung übernehmen")
Der kleine Engel Hieronymus hat nichts als
Unfug im Kopf. Er jagt Wolkenschafe, ver-
schlampt den Schlüssel zum Himmelstor und
macht Quatsch in der Chorprobe.
Und so etwas will Schutzengel werden? Doch
dann bekommt er seinen Auftrag, und sein
Schützling Tom ist kein leichter Fall für einen
Anfänger …
32 Seiten
ISBN 13: 978-3-522-30042-1, ISBN 10: 3-522-30042-4
auch lieferbar im Midi-Format:
ISBN 13: 978-3-522-30080-3, ISBN 10: 3-522-30080-7

Ich trau mich was!: Angst haben – Mut machen

· · · · · · · · · · · · · · · · · · · ·

PETRA SPERLING

„Wer hat Angst vorm Schwarzen Mann?" – „Niemand!" – „Und wenn er kommt?" – „Dann laufen wir davon!" So einfach wie das bekannte Kinderspiel gestaltet sich das reale Leben nicht. Kinder haben zahlreiche Ängste. Viele wurzeln in der natürlichen Trennungsangst. Gefühle wie die Sorge, die Eltern könnten zum Beispiel nach dem Aufwachen nicht mehr da sein, begleiten Kinder bis weit in die Vorschulzeit hinein. Drei- bis Vierjährige können zudem Realität und Fiktion noch nicht recht trennen und spüren häufig die Macht ihrer Fantasie: Die typische Angst vor Ungeheuern oder Geistern entsteht. Nicht selten geht sie einher mit Furcht vor der Dunkelheit, dem Schlafengehen, dem Alleinsein, vor Geräuschen oder einem Gewitter. Hinzu können ganz reale Ängste kommen, etwa die vor dem Kinderarzt, dem Nachbarshund oder dem frechen Schulkameraden. Andere typische Kinderängste wie Furcht vor bösen Menschen, Krankheit und Tod werden in der heutigen Welt häufig durch die Medien verstärkt.

Angst gehört zum Leben dazu; ein jeder kennt dieses Gefühl, in jedem Alter. Entsprechend normal ist es, dass die beschriebenen Ängste bei nahezu jedem Kind im Laufe einer gesunden Entwicklung gelegentlich auftreten. Je nach Temperament, Familienklima und Erlebnissen können sie sich unterschiedlich äußern. Ihren Ursprung nehmen sie jedoch immer in dem Zwiespalt zwischen dem Verlangen nach Geborgenheit und der Lust auf Neues. Und ihre Aufgabe bleibt immer gleich: Ängste alarmieren uns, in neuen, unbekannten Situationen besonders vorsichtig zu sein. Für Kinder, die noch vieles entdecken müssen, ist ein Angstgefühl damit ein Schutz – und zugleich eine Möglichkeit, neue Eindrücke zu bewerten und zu verarbeiten.

Es sollte daher kein Erziehungsziel sein, dem Nachwuchs das Gefühl der Angst möglichst zu ersparen. Kleine Menschen haben viel mehr davon, zu erleben, dass man Furcht aushalten und eigene Strategien finden kann, damit umzugehen. In erster Linie benötigen sie dafür emotionale Unterstützung und Verständnis. Sätze wie „Das bildest du dir bloß ein" mögen Eltern im Alltag schnell einmal auf der Zunge liegen. Sie lassen ein Kind jedoch mit seiner Angst allein. Stattdessen sollten Eltern ihr Kind ernst nehmen und mit ihm über seine Gefühle sprechen. Ein Ritual, ein Kuscheltier, eine Geschichte sind gute Möglichkeiten, gemeinsam ein Angstgefühl spielerisch zu verarbeiten. Sehr hilfreich ist es auch, zusammen nach den Ursachen der Furcht zu forschen. Denn für große wie für kleine Menschen gilt: Wer sich seiner Angst stellt, lässt sie schrumpfen. Und wird gleichzeitig mutiger. Denn mutig ist nicht der, der – scheinbar – keine Angst hat, sondern wer Angst spürt, sich dem Gefühl stellt, stark ist und eine Lösung findet!

Angelika Glitz/Imke Sönnichsen
Monster unter Willis Bett
32 Seiten, Midi-Format
ISBN 13: 978-3-522-43505-5, ISBN 10: 3-522-43505-2

Empfehlungsliste pädagogisch wertvoller Bilderbücher 2001

Unter Willis Bett sitzt ein Monster. Da, schon wieder ein Rascheln … „Mammaaa!" Gemeinsam finden Willi und seine Mama jedoch heraus: „Monsterlaute" und „Monsterschatten" sind eigentlich ganz normale Alltagsgeräusche und -gegenstände. Ob Mama trotzdem noch einmal nachsehen kann? Willis Mutter verschwindet unter seinem Bett – schießt dann mit einem „Aaaahh!" wieder hervor und zieht Willi aus dem Zimmer. Es gab also doch ein Monster? Willi ist aufgeregt. Doch unter dem Bett war nur – eine Maus! Davor muss man sich doch nicht fürchten! Aber Willi verspricht, die Maus am nächsten Tag zu fangen. „Dann braucht Mama keine Angst mehr zu haben."

Willis Mutter weiß natürlich, dass unter dem Bett ihres Sohnes kein Monster lauert. Sie versucht jedoch nicht, seine Sorge mit einem „Ungeheuer gibt's doch gar nicht" wegzuwischen. Einen solch rationalen Satz könnte der kleine Willi auch gar nicht nachvollziehen. Für ihn existieren Monster, und eins davon sitzt unter seinem Bett! Entsprechend wichtig ist es für ihn, dass seine Mutter ihm zuhört und seine Sorge ernst nimmt. Diese Unterstützung zeigt ihm, dass er mit seiner Angst nicht allein bleiben muss. Und indem seine Mutter anschließend gemeinsam mit ihm auf „Monstersuche" geht, entdeckt Willi – zwar mit ihrer Hilfe – aber im Grunde selbst: Es gibt gar nichts Unheimliches und Angst Einflößendes in seinem Zimmer. Seine Reaktion darauf ist typisch: Sobald die „unheimlichen" Phänomene enttarnt sind, gewinnt er Oberwasser: „Bin ja nicht blöd", kommentiert Willi zum Beispiel die erleichternde Erkenntnis, dass das „Bröööhm" nicht von einem Monster, sondern von vorbeifahrenden Autos stammt.

Zum anderen erlebt Willi: Auch große Menschen kennen Angst! Seine Mutter zeigt ihre Furcht vor der Maus ganz offen – und hilft ihrem Sohn damit, eigene Ängste einzugestehen. Ja, Willi öffnet sich damit sogar die Möglichkeit, seiner Mutter zu helfen und „der Große" zu sein. Gleichzeitig erfährt er: Was der eine fürchtet, ist für einen anderen womöglich gar nicht schlimm. Jeder Mensch hat seine eigenen Ängste. Und darum muss sich niemand für seine Gefühle schämen.

Tony Ross
Ich komm dich holen!
32 Seiten
ISBN 13: 978-3-522-43413-3, ISBN 10: 3-522-43413-7

Deutscher Jugendliteraturpreis 1986

Was einen am Abend oder in der Nacht, wenn es ruhig und dunkel ist, ängstigen kann, ist oft gar nicht mehr so groß und so Furcht erregend, wenn man es mit guter Laune und bei Licht betrachtet. Erwachsene kennen dieses Phänomen und können mit einer solchen Situation umgehen – Kinder nicht. Doch sie können in Tony Ross' Geschichte etwas darüber erfahren. Und dem Zubettgehen, der Dunkelheit und bösen Traumfantasien etwas weniger sorgenvoll entgegensehen.

Ein zotteliges Monster fliegt durch den Weltraum und frisst ganze Planeten auf. Als Nächstes will es zur Erde kommen und den kleinen Tommy holen. Und der kleine Junge schläft ganz friedlich! Wie soll das nur gut gehen? Das Monster landet zwar vor Tommys Fenster, es wartet mit seinem Überfall aber bis zum nächsten Morgen. Und da stellt sich heraus: Das schreckliche Monster ist ganz klein – so klein und harmlos, dass Tommy es gar nicht bemerkt!

Eltern können den interessanten Spannungsbogen der Geschichte auch nutzen, um ihrem Kind in vertrauter Atmosphäre die Möglichkeit zu geben, seine Lust am Gruseligen auszuleben. Viele Kinder lieben es, etwas Unheimliches vorgelesen zu bekommen, während sie sich wohlig-schaudernd ins vertraute Kissen kuscheln!

Diese „kontrollierte Angst" mit ihrem Kind zu durchleben kann Eltern zugleich einen Weg öffnen, sich einem real existierenden kindlichen Angstgefühl und einem Gespräch darüber zu nähern.

Schließlich bietet Tony Ross' kluges Buch einen weiteren Ansatz: Auch der kleine Tommy liebt Gute-Nacht-Geschichten über schreckliche Ungeheuer. Und er gruselt sich natürlich auch vor den Monstern – schließlich ist er ein ganz normaler kleiner Junge. Doch – und damit wird er Vorbild für alle Kinder – er gibt diese Angst zu. Und er hat einen Weg gefunden, sie zu bekämpfen: Er schaut sich vor dem Schlafengehen einfach sorgfältig im Haus um, ob sich irgendwo ein Ungeheuer versteckt hat. Und da er nie eins entdeckt, kann er beruhigt schlafen. Ähnliche Verhaltensweisen können Eltern mit ihren Kindern in vielen vergleichbaren Situationen üben: Die kindliche Erkenntnis „Meine Angst ist unbegründet" ist ein wichtiger Schritt, sie zu überwinden.

Heinz Janisch/Julia Kaergel
Bist du morgen auch noch da?
32 Seiten
ISBN 13: 978-3-522-30070-4, ISBN 10: 3-522-30070-X

Wenn morgens ein großer blauer Bernhardiner neben dem Bett sitzt, reibt man sich erst einmal die Augen. Doch auch nachdem Gustav das getan hat, ist der seltsame Hund immer noch da. „Ich bin so etwas wie dein Schutzengel", erklärt er ihm. Und in der Schule erfährt Gustav von seinem Begleiter: Auch die anderen haben ihre Tiere dabei. Doch anscheinend kann jedes Kind nur seinen eigenen Schutzengel sehen, denn niemand bemerkt etwas Außergewöhnliches. „Bist du morgen auch noch da?", fragt Gustav seinen blauen Bernhardiner am Abend. „Ich bin immer da, wenn du mich brauchst. Auch wenn du mich nicht sehen kannst." Gustav kann also beruhigt einschlafen …

Diese Geschichte hilft Kindern, Trennungsängste zu überwinden. Die Sorge etwa, die Eltern könnten am nächsten Morgen nicht mehr da sein, kann ein Kind um den Schlaf bringen. Eine liebe Bezugsperson kann nun in die Rolle des blauen Bernhardiners springen und dem Kind vermitteln: Auch wenn ich nicht bei dir bin, bin ich doch immer für dich da. Du kannst dich immer auf mich verlassen.

Die Geschichte ermuntert Kinder zugleich, neue Schritte zu setzen. Eltern kennen das: Kleine Kinder denken sich gern in eine eigene Welt hinein. Vielleicht hat der Sohnemann von einem Tag auf den anderen einen imaginären Freund oder die Tochter eine Katze, die nur in ihren Gedanken existiert. Was mitunter seltsam erscheinen mag, ist im Vorschulalter ein normales Verhalten. Fantasiefreunde und -tiere machen einem Kind Mut, die „echte" Welt zu entdecken. Denn sie meinen es immer gut und sind immer da. Mit einem solchen Kameraden an der Seite kann sich ein Kind darum getrost Unsicherheiten stellen, sie überwinden und natürlich auch Schönes genießen. Und es erhält auf diese Weise eine Möglichkeit, einer typischen Kinderangst zu begegnen: der Furcht vor dem Alleinsein.

Mit der ansprechend illustrierten Geschichte können Eltern ihr Kind daher ermuntern: Lass deiner Fantasie freien Lauf und stell dir deinen Schutzengel vor! Gib ihm eine Form, eine Farbe, einen Namen. Wie gut, dass es ihn gibt, wenn man sich einmal vor etwas fürchtet! Und Gustav und der blaue Bernhardiner zeigen dir zudem: Auch in der Nacht steht dein Schutzengel dir zur Seite. Ist es jetzt nicht viel einfacher, einzuschlafen?

Christof Stählin/Anja Reichel
Das kleine Schaf und der gute Hirte
32 Seiten
ISBN 13: 978-3-522-30053-7, ISBN 10: 3-522-30053-X

Die Angst vor dem Alleinsein ist eine typische Kinderangst. Sie ist nicht selten verbunden mit der Sorge darüber, gut versorgt zu werden. Denn sowenig sich Kinder im Vorschulalter die Welt rein rational erklären können, desto mehr spüren sie, dass sie auf die Hilfe und den Schutz lieber Menschen angewiesen sind. Wie dieses Buch zeigt, können Eltern diesen Gefühlen auch mit religiösen Gedanken begegnen. Der gute Hirte, der ein Freund ist und sich liebevoll um seine Schäflein kümmert, erweist sich dabei als ein kindgerechtes, positives Bild, um mit den Kleinen über die Gegenwart eines allmächtigen Beschützers zu sprechen.

Zunächst weiß die Geschichte kleine Leser geschickt in die Handlung hineinzuziehen: Kinder lieben Rollenspiele und schlüpfen gern in die Haut anderer Menschen oder von Tieren. Die Erzählung ermuntert sie zu einem solchen Verwandlungsspiel: Stell dir einmal vor, du bist ein kleines Schaf... Dieses Schäfchen kann ganz viel: Es kann sagen, was es braucht, was es fühlt, es kann lustige Sprünge machen und viel trinken, wenn es durstig ist. Nur: Was macht es, wenn es Durst hat, aber kein Wasser findet? Oder wenn es sich fürchtet? „Du brauchst gar keine Angst haben. Es ist doch der Hirte für dich da" lautet die Antwort.

Dieser große, gute Freund weiß aus jeder erdenklichen schwierigen oder unheimlichen Situation einen Ausweg. Um diese Botschaft zu vermitteln, durchwandert die Geschichte in einzelnen Bildern typische Kinderängste: Die Angst, allein zu sein und sich nicht helfen zu können. Die Angst vor traurigen Gefühlen. Die Furcht vor bösen Tieren und bösen Menschen. Die Angst, sich zu verlaufen, nicht mehr weiterzuwissen, und auch die so häufige Angst vor der Dunkelheit und unheimlichen Traumgestalten.

Die ermutigende Erzählung mit der Botschaft „Du bist nicht allein" löst sich schließlich auf als eine kindgerechte Interpretation des Psalms 23, „Der Herr ist mein Hirte".

Indem Eltern ihrem Kind das Wissen um diese Unterstützung vermitteln, geben sie ihm eine Möglichkeit, mit alltäglichen Ängsten umzugehen. Die beiden letzten Seiten bieten darüber hinaus einen Anfang: Eltern und Kinder finden den Psalm 23 hier im Originalwortlaut abgedruckt. Wer möchte, kann dieser Einladung folgen und gemeinsam über den Bibeltext, Glauben und Religion sprechen.

Jeanette Randerath/Imke Sönnichsen
Carlotta und die Zauberschuhe
32 Seiten
ISBN 13: 978-3-522-43464-5, ISBN 10: 3-522-43464-1

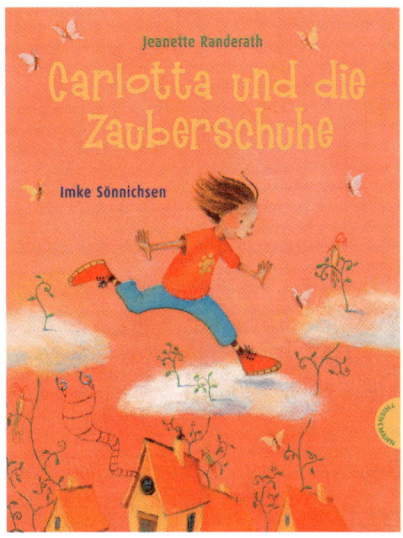

Eines Morgens sind Carlottas Füße unzufrieden: „Die Schuhe sind viel zu klein geworden", meutert der eine. „Mit tut mein dicker Zeh weh", schimpft der andere. Es müssen also neue Schuhe her. Das stellt sich jedoch als nicht leicht heraus. Nachdem sie fast alle Schuhe im Laden anprobiert hat, entdeckt Carlotta zum Glück noch ein paar rote. Sie schlüpft hinein. Treffer! „Die Schuhe freuen sich", flüstert Carlotta ihrer Mutter zu. „Ich glaube, es sind Zauberschuhe." Glücklich behält sie sie gleich an – und wundert sich: Plötzlich geht alles so leicht! Springen, sich anschleichen und laufen – Carlotta wächst über sich selbst hinaus.

Natürlich hätte jedes Kind gern ein Paar Zauberschuhe. Wer möchte schließlich nicht so toll springen, balancieren und laufen können? Und wer möchte nicht entdecken, dass er eigentlich viel mehr kann, als er sich zugetraut hat? Genau das ist es, was die kleine Carlotta Kindern vermittelt: Wer sich etwas zutraut, wer etwas wagt, der wird sehen, wie viel er erreichen kann. Carlotta fühlt sich in ihren neuen Schuhen zum Beispiel so wohl, dass sie gar nicht mehr zögert, über eine Mauer zu balancieren.

Eltern können Carlottas Erlebnisse leicht auf reale Situationen im Alltag ihres Kindes übertragen. Es hat Angst vor der Kellertreppe? Vor dem „unheimlichen" Fahrstuhl? Der schwarzen Katze, die so gemein faucht? Es hat Angst, zu klettern und dabei hinzufallen? Ein Paar „Zauberschuhe" kann ihm helfen! Und die besitzt zum Glück jedes Kind: Denn es geht nicht um wirkliche Zauberschuhe. Der aufmerksame Betrachter entdeckt etwa rasch: Carlotta ist in ihren Schuhen nicht unsichtbar – sie fühlt sich aber so!

Die Schuhe sind das Bild für den Glauben an sich selbst, an die eigenen Kräfte und Fähigkeiten. Sie stehen für den Mut, sich auszuprobieren und eigene Grenzen zu erweitern. Sie stehen auch für den Mut, eine reale Angst zu überwinden, indem man sich der angstbesetzten Situation stellt. Ermuntern Sie Ihr Kind, es in entsprechenden Situationen wie Carlotta einfach einmal auszuprobieren. Stellt der Nachwuchs dabei fest, wie gut er mit einer Angst oder einer Unsicherheit umgehen kann, macht ihn das umso sicherer!

Weitere Bilderbücher
zum Thema „Angst haben – Mut machen":
Kattrin Stier/Alexander Weiler
Jakob will stark sein, s. S. 71

Mittendrin im Leben: Starke Jungs – starke Mädchen

BIRGIT HOCK

Kinder stark machen – das ist heute ein erklärtes Erziehungsziel vieler engagierter Eltern. Doch was ist damit gemeint?

Muskelstärke wohl nicht, schon eher Charakterstärke. Doch eine solche Charakterstärke ist nicht leicht zu definieren, sie ist vergleichbar einem Mosaik, das sich aus vielen kleinen Bausteinchen zusammensetzt. Solche Bausteinchen sind zum Beispiel: Fantasie, Mut, Entdeckergeist, die Fähigkeit, Dinge auszuprobieren und nach neuen Wegen zu suchen, wenn bekannte Wege aus irgendwelchen Gründen nicht mehr gangbar scheinen.

Auch eine gewisse Cleverness, die Fähigkeit, eine eigene Meinung zu formulieren, und der Mut, diese dann auch auszusprechen, sind Facetten, die zusammengenommen die charakterliche Stärke eines Menschen ausmachen. Das Gewinnenwollen und Verlierenkönnen, die Fähigkeit, sich selbst etwas zuzutrauen, und der Mut, Vertrauen in andere Menschen zu haben, der Wille, ein gesetztes Ziel auch zu erreichen, und die Kraft, sich gegen Unrecht zu wehren – all das sind erstrebenswerte Fähigkeiten, die sich allerdings höchst selten in einem einzigen Menschen vereinen.

Ein paar von diesen Fähigkeiten können schon im Kindesalter erworben werden, und zwar Schritt für Schritt. Die Anerkennung auch kleiner Erfolge, Lob und Ermutigung sind geeignete Maßnahmen, Kinder stark zu machen. Ganz klar ist, dass es kein fertiges Konzept geben kann, das sich eine Familie überstülpt –

dazu sind die Menschen viel zu verschieden, ist unser Alltag viel zu individuell ausgerichtet. Es gibt aber ein paar klare Richtlinien, die die Orientierung erleichtern: Da ist zum einen die Tatsache, dass Eltern für den eigenen Alltag klare Wertvorstellungen haben und diese auch vorleben sollten, um sie so dem Nachwuchs zu vermitteln. Eltern müssen immer wieder klare Regeln vorgeben und deren Einhaltung kontrollieren, und sie müssen Grenzen setzen, ohne dabei das Kind mit Vorwürfen und Belehrungen einzuschüchtern.

Es gilt außerdem, Schwächen und Unsicherheiten nicht nur der Kinder anzunehmen. Geben Sie ruhig zu, wenn Sie etwas selbst nicht wissen, oder sagen Sie offen, wenn Sie einmal einen Fehler gemacht haben – zum Erziehen gehört nämlich auch die Fähigkeit, eigene Verhaltensweisen zu reflektieren, zu hinterfragen und gegebenenfalls zu ändern.

Erzählen Sie Geschichten von Kindern, die fest auf ihren Beinen stehen, die lächelnd durchs Leben gehen, und machen Sie Ihren Kindern immer wieder von neuem Mut, die eigenen Chancen wahrzunehmen! Einige Anregungen finden Sie in den folgenden Bilderbüchern.

Kattrin Stier/Alexander Weiler
Jakob will stark sein
32 Seiten
ISBN 13: 978-3-522-43509-3, ISBN 10: 3-522-43509-5

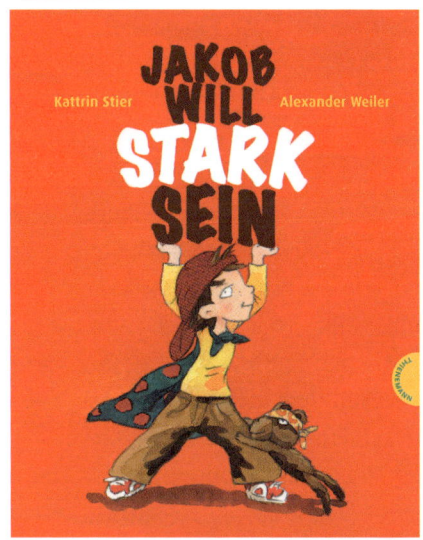

So ein dummer, blöder Tag! Jakob ist unzufrieden und schlecht gelaunt, denn wieder einmal hat sich Max an der Schaukel einfach vorgedrängelt. Und dann haben ihn die anderen Kinder auch noch alle ausgelacht, nur weil auf Max' Pullover, den er von seiner Schwester geerbt hat, ein klitzekleines rosa Herzchen aufgenäht ist. Kein Wunder, dass Jakob am Abend in seinem Bett nicht einschlafen kann. Und sein Papa ist auch nicht da … Als Jakob am nächsten Tag erwacht, findet er neben seinem Bett eine rote Mütze und auf einem Zettel von seinem Papa die Nachricht, dass die rote Mütze ihm selbst schon mal Glück gebracht hat. Also setzt Jakob die Mütze auf, und sofort sieht die Welt viel besser aus als noch am Abend zuvor. Mit der roten Mütze auf dem Kopf fällt es Jakob richtig leicht, nett zu seinem kleinen Bruder Tim zu sein, auf dem Weg in den Kindergarten das Autospiel gegen seine Mama zu gewinnen – und als Max an der Schaukel schon wieder drängelt, kann sich Jakob sogar wehren! Ob das nur an der Mütze liegt?

Das Wissen um das Glück, das die rote Mütze mit sich bringen soll, hilft dem Jungen, die in ihm selbst innewohnenden Kräfte zu mobilisieren und eigene Lösungen für die Probleme zu finden, mit denen sich Jakob im Laufe des Tages konfrontiert sieht. Ein kleiner Erfolg reiht sich an den nächsten, und weil Jakob ganz genau weiß, wie sich Anna fühlt, als die anderen Kinder sie wegen ihrer neuen Brille hänseln, bringt Jakob schließlich sogar den Mut auf, Anna zur Seite zu stehen. Und die Mütze? Die kann er getrost an seine ältere Schwester Lisa weitergeben, die sich vor dem Aufsatz am nächsten Tag fürchtet, denn Jakob braucht sie nun nicht mehr!

Manchmal bedarf es nur eines kleinen Anstoßes, damit Kinder ihre eigenen Kräfte mobilisieren – die Autorin zeigt am Beispiel von Jakob, dass es gar nicht so schwer ist, sich gegen Unrecht zu wehren. Ganz egal ob Sie Ihrem Kind nun ebenfalls eine Mütze – oder einen anderen Gegenstand, zum Beispiel einen Glücksstein für die Hosentasche, einen Schal oder Ähnliches – mitgeben, wichtig ist, dass Ihr Kind ständig daran erinnert wird, dass Sie hinter ihm stehen.

Denn das Wissen, von einem geliebten Menschen den Rücken gestärkt zu bekommen, reicht oftmals aus, um so manche Schwierigkeit im Alltag zu meistern und selbstbewusster auftreten zu können. Schade, dass wir Erwachsenen diese einfache Weisheit allzu oft selbst vergessen!

Christian Tielmann/Jürgen Rieckhoff
Das Spitzenspiel
32 Seiten

ISBN 13: 978-3-522-43524-6, ISBN 10: 3-522-43524-9

Im Mittelpunkt dieses Bilderbuchs steht Leo, der angeblich schon Fußball spielen konnte, noch bevor er seinen ersten Schritt getan hatte, und sein Verein, der TUS Alte Mühle. Wenn Leo einen Fußball vor sich hat, dann sieht er den Ball, nur den Ball und nichts als den Ball. In seinem Eifer vergisst er aber leider auch alles, was er im Training gelernt hat. Als dann eines Tages das Spitzenspiel gegen die Mannschaft aus Isenheim, den Angstgegner von Leos Mannschaft, stattfindet, liegen die Isenheimer zur Halbzeitpause wieder einmal hoch in Führung.

Dann, in der Halbzeitpause, greift der Trainer auf ganz ungewöhnliche Weise in das Geschehen ein: Er, der an seine Mannschaft glaubt und der seine Schützlinge besser kennt als diese sich selbst, krempelt die komplette Mannschaft um. Er stellt Leo ins Tor, nimmt dem ängstlichen Tom die Brille ab und schickt Matze ins Mittelfeld. Ob das funktioniert? Tatsächlich geschieht kurz darauf ein kleines Wunder: Leo hält den Ball! Auch Tom, der ohne seine Brille seinem Gefühl vertrauen muss, schießt ein Tor.

Anscheinend hat der Trainer alle ausgetrickst: seine Schützlinge sowie die Gegner, denn das Blatt scheint sich gewendet zu haben. Doch plötzlich wird Tom gefoult. – Den Strafstoß schießt natürlich Leo, der Kapitän, und Leo schießt immer nach links. Das wissen auch die Isenheimer … Leo schießt – kann der Torwart der Isenheimer den Ball halten? Nicht nur das

Spiel, auch das Buch bleibt spannend bis zum Schluss!

Ungewöhnlich und lebhaft ist nicht nur das Geschehen im Buch, der Erzählstil ist es auch: Ganz in der Art einer Fußballreportage geschrieben, zieht Christian Tielmann die Leser in seinen Bann. Gehalten! Tor! Foul! – nicht nur mit seiner Geschichte, auch mit seinen vielen Ausrufen und seinem lebhaften Reporterstil ist der Autor ganz „dicht dran" am Geschehen und ermöglicht es dem Leser, vollkommen in die Geschichte einzutauchen. Und der Leser versteht: Jedes Kind, jeder Spieler hat seine Stärken, und weil die Mannschaft auch die ungewöhnlichen Anweisungen beherzigt, kommen nicht nur die Stärken – und zwar auch die verborgenen Stärken – der jungen Fußballer/Talente zum Vorschein, auch das nötige Quäntchen Glück zum Erfolg stellt sich rechtzeitig ein. Eine Geschichte, die kleine Fußballerherzen ganz gewiss höher schlagen lässt.

Angelika Glitz/Marie Hübner/
Wanja Olten/Thomas Wolff
Prinzessin Murks
48 Seiten mit CD
ISBN 13: 978-3-522-43510-9, ISBN 10: 3-522-43510-9

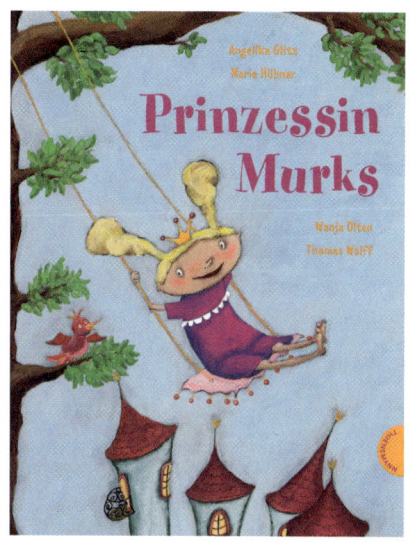

„Ich hab ein Himmelbett gleich unterm Himmelszelt, im höchsten Turm im Schloss – dem schönsten der Welt! Von meinem Kissen aus seh' ich die Wolken zieh'n. Ich spring vor lauter Glück auf rosa Laken Trampolin. Es ist toll, Prinzessin zu sein!" Denn eines unterscheidet Prinzessin Murks von all den anderen Prinzessinnen: Sie kann tun und lassen, was sie will, und prinzessinnenhaft benimmt sich Murks ganz und gar nicht. Bislang war nämlich Murks' Vater, der König, einer königlichen Erziehung abgeneigt – seine Prinzessin sollte in erster Linie richtig glücklich sein. Doch eines Tages rührt sich in Murks' Mutter das schlechte Gewissen, und die Königin beschließt, für Murks eine Gouvernante zu engagieren. Die soll ihr all das beibringen, was man als Prinzessin wissen muss. „Oje", denkt der König, „das gibt Ärger." Und dabei liebt er Ärger ganz und gar nicht.

Aber die Königin setzt ihren Willen durch, und Prinzessin Murks bekommt ihre Gouvernante. Die ist mit den Zuständen im Schloss ziemlich unzufrieden und setzt alle ihre Kräfte ein, um aus Murks eine echte Prinzessin zu machen. Doch ganz egal ob die Gouvernante der Prinzessin das Häkeln beibringt, um Murks ein Hobby zu lehren, wie es sich für eine Prinzessin geziemt, oder ihr eine aufrechte Haltung zeigen will – Murks schafft es immer wieder aufs Neue, die Gouvernante mit ihren eigenen Argumenten in die Enge zu treiben. Die Prinzessin jedenfalls sorgt dafür, dass sie mit ihrer Gouvernante eine turbulente Zeit erlebt. Obwohl sich die Prinzessin am Ende mit der Gouvernante anfreundet, bleibt diese nicht weiter im Schloss, da sie ihre Aufgabe nun als beendet ansieht. Aus Murks würde zwar nie eine richtige Dame werden, aber das sei auch gut so.

Was die Gouvernante erkennt, ist der gute Kern, der in der Prinzessin steckt: Das Mädchen kann zwar kein königliches Benehmen vorweisen, aber hat ein Herz für die Sorgen und Nöte ihrer Mitmenschen und anderer Geschöpfe. Im Umgang mit Prinzessin Murks begreift die Gouvernante, dass Quatsch, Vergnügen und Lachen zur Kindheit gehören wie blaue Flecken und aufgeschlagene Knie oder auch der Mut, einfach mal etwas Verrücktes zu tun. Und Murks erkennt, dass es zwar gut tut, manchmal über die Stränge zu schlagen, aber ebenso wichtig ist, seine Grenzen zu erkennen und im Zweifel sich für den Schwächeren zu engagieren. Genauso wünschen wir uns ja unsere Mitmenschen: mit einem offenen Ohr für die Sorgen und Nöte der anderen, aber auch mit dem Selbstbewusstsein, sich dort über Konventionen hinwegzusetzen, wo diese keinen Sinn mehr machen.

Daher lautet die wichtige Botschaft dieses Bilderbuches: Kinder sind nun einmal Kinder, und sie alle haben ein Recht darauf, Kind sein zu dürfen.

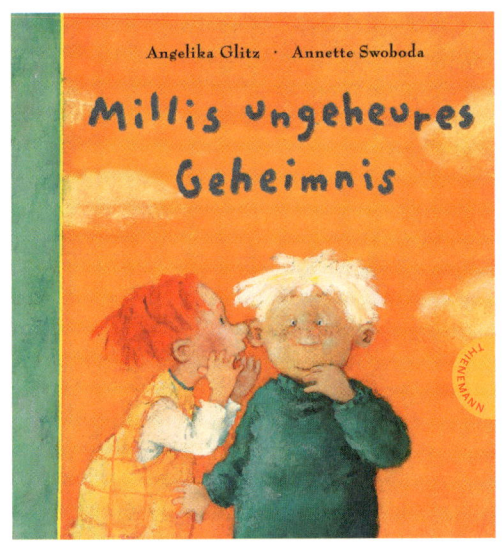

Angelika Glitz/Annette Swoboda
Millis ungeheures Geheimnis
32 Seiten
ISBN 13: 978-3-522-43250-4, ISBN 10: 3-522-43250-9
auch lieferbar im Midi-Format:
ISBN 13: 978-3-522-43487-4, ISBN 10: 3-522-43487-0

„Ich habe ein Geheimnis", sagt Milli zu Rudi beim Gummitwist, doch mehr ist aus ihr nicht herauszuholen. Also versucht Rudi, Millis Geheimnis zu erraten, bekommt jedoch nur ein paar Hinweise. Rudi unternimmt alles Mögliche, um Milli ihr Geheimnis zu entlocken, und eines Tages hält Milli tatsächlich das Schweigen nicht mehr aus. Schließlich ist es schöner, ein Geheimnis mit einem Freund zu teilen.

Voll gespannter Erwartung läuft Rudi Milli hinterher durch die Straßen des Orts und über die Wiese in den Wald. Vor einem großen, grauen Stein bleibt Milli stehen, doch Rudi ist schrecklich enttäuscht. „So ein lumpiger, langweiliger, dämlicher Stein", schimpft er und wartet Millis Erklärung, was es denn mit dem Stein so Besonderes auf sich habe, gar nicht weiter ab. Wütend stapft er durch den Blätterwald davon, und so bleibt Milli mit ihrem Geheimnis eben doch wieder alleine.

Eigentlich schade – wenn Rudi doch nur wüsste, was er durch seine Ungeduld verpasst!

Mit einem Augenzwinkern erzählt die Autorin von dem ungeheuren Geheimnis und davon, dass sich Rudi von seiner Ungeduld verleiten lässt, enttäuscht davonzustiefeln, noch ehe Milli ihr wahres Geheimnis gelüftet hat: „Ein Stein? So was Blödes kann auch nur Mädchen einfallen!" Zum Glück aber lässt sich Milli von Rudis beleidigtem Verhalten nicht entmutigen und teilt ihr wunderschönes, ungeheuerliches Geheimnis am Ende mit dem neugierigen Leser. Hätte Rudi doch nur ein wenig mehr Vertrauen in seine Freundin bewiesen, dann hätte er nicht enttäuscht und alleine von dannen ziehen müssen!

Die Autorin Angelika Glitz erzählt eine wunderschöne Geschichte von Milli, die fantasievoll und selbstbewusst durchs Leben geht – ein Bilderbuch, das genug Substanz hat, zum Lieblingsbuch über Generationen hinweg zu werden.

Hier fühle ich mich wohl!: Familie – Geborgenheit

KATJA HEGNER

In ihrer Familie machen Kinder die ersten und prägendsten emotionalen Erfahrungen. Hier werden die Grundlagen für das Selbstwertgefühl, soziale Kompetenzen, Eigenständigkeit und auch Lernen und Bildung gelegt. Egal ob ein Kind in der klassischen Konstellation mit Vater, Mutter und Geschwistern aufwächst, von einem Elternteil alleine erzogen wird oder in einer Patchwork-Familie lebt, wichtig ist vor allem, dass die Atmosphäre in der Familie von gegenseitigem Verständnis und Achtung voreinander geprägt ist. Eine sichere Beziehung zu seinen Bindungspersonen gibt dem Kind Schutz und lässt das Vertrauen in sich selbst und in die Welt wachsen. So kann es sich mit zunehmendem Alter immer mehr daranmachen, seine Umgebung zu erkunden, denn es weiß, dass es sich auf seine Eltern verlassen kann und dass sie ihm zur Seite stehen, wenn Schwierigkeiten auftreten.

Gerade für Kinder im Alter von zwei bis fünf Jahren ist es eine wichtige Entwicklungsaufgabe, dass die Gratwanderung zwischen ihrem Bedürfnis nach Nähe und Geborgenheit einerseits und ihrer Neugier auf die Umwelt und ihrem Streben nach Eigenständigkeit andererseits gut gelingt. Dabei ist es wichtig, dass Eltern bei Misserfolgen hilfreich zur Seite stehen, bei Ängsten trösten und ihr Kind trotzdem dazu ermutigen, weiter seine Umwelt zu erkunden.

Bilderbücher können hier zeigen, dass andere Kinder auch manchmal Ängste haben, unsicher sind oder mit unerwarteten Ereignissen zurechtkommen müssen.

Eine weitere Erfahrung für die Kinder ist die Tatsache, dass sie mit zunehmendem Alter immer häufiger mit Personen konfrontiert werden, die ganz andere Wünsche und Pläne haben als sie selbst. Im ersten Lebensjahr stellt sich im Regelfall die Mutter noch vollständig auf die Bedürfnisse ihres Säuglings ein. Je älter das Kind aber wird und je größer sein Wissen über die Welt ist, desto mehr werden von ihm Geduld und Rücksichtnahme auf die Interessen anderer Menschen erwartet. Bilderbücher können hier helfen, indem sie zum einen zeigen, dass andere Kinder auch Konflikte mit ihren Bezugspersonen aushalten müssen. Zum anderen können die handelnden Figuren in den Büchern Modell dafür sein, wie Kompromisse ausgehandelt oder alternative Lösungen gefunden werden.

Einen wichtigen Nebenaspekt des Vorlesens sollten sich die Erwachsenen immer wieder vor Augen führen: Die Bilderbuchsituation als solche ist ebenfalls eine Quelle der Geborgenheit, denn das Kind erfährt beim Vorlesen die Nähe und ungeteilte Zuwendung eines Erwachsenen. Wissenschaftliche Studien haben übrigens gezeigt, dass Kinder, denen bereits im Kleinkindalter häufig vorgelesen wurde, später sowohl in der Schule bessere Noten haben und höhere sprachliche Fähigkeiten zeigen als auch sozial kompetenter und bei Gleichaltrigen beliebter sind.

Otfried Preußler/Herbert Lentz
Die dumme Augustine
32 Seiten
ISBN 13: 978-3-522-41060-1, ISBN 10: 3-522-41060-2

„Die dumme Augustine" erschien 1972 und ist damit ein echter Klassiker unter den Bilderbüchern, und doch ist das Thema des Buches immer noch aktuell. Es beschäftigt sich nämlich mit der Frage, wie eine gerechte Arbeitsaufteilung zwischen Mann und Frau aussehen kann: Der dumme August lebt mit seiner Frau Augustine und den drei Kindern im Zirkus, wo seine Vorstellungen ein großer Erfolg sind. Augustine würde auch gerne einmal in der Manege auftreten, aber August ist dagegen, und so bleibt es dabei, dass sie sich von früh bis spät um den Haushalt und die Kinder kümmert. Doch als August eines Tages wegen Zahnschmerzen nicht auftreten kann, übernimmt Augustine erfolgreich seine Rolle und wird vom Publikum bejubelt. Beide vereinbaren daraufhin, dass sie von nun an gemeinsam in der Manege auftreten und sich auch die Hausarbeiten gerecht teilen werden.

Dieses Bilderbuch ist für Kinder ab vier Jahren zu empfehlen. Es eignet sich aber auch gut für ältere Kinder, deren Mütter nach der Familienphase wieder ins Berufsleben einsteigen. Das Buch kann Anlass dafür sein, über die unterschiedliche Bewertung von klassischer Erwerbstätigkeit und unbezahlter Hausarbeit zu sprechen.

Für viele Kinder ist es eine tägliche Erfahrung, dass der Vater morgens das Haus verlässt, um seinem Beruf nachzugehen, während die Mutter für Putzen, Kochen, Einkaufen, Kindererziehung, Hausaufgabenbetreuung, Fahrdienste und viele weitere Alltagsaufgaben zuständig ist. Anhand von Augustines Geschichte können Kinder nachvollziehen, dass diese ungleiche Aufgabenverteilung Unzufriedenheit hervorrufen kann, denn Augustines Hausarbeit wird von allen als selbstverständlich hingenommen und erfährt keine besondere Wertschätzung. Vor diesem Hintergrund wird verständlich, warum es für viele Mütter wichtig ist, nach einer gewissen Zeit, in der sie nur für die Familie da waren, auch wieder in ihrem Beruf zu arbeiten. Damit dies aber möglich ist, muss über die Aufgabenteilung zwischen Mann und Frau neu verhandelt werden. Hier bietet sich ein Gespräch darüber an, dass auch schon Kinder im Vorschulalter ihren Teil zu einer fairen Arbeitsverteilung in der Familie beitragen können, indem sie altersgemäße Aufgaben übernehmen, sich zum Beispiel selbstständig anziehen, beim Tischdecken helfen und Spielzeug, Kleider oder Schuhe ordentlich aufräumen.

Angelika Glitz/Heike Vogel
Billi Seehund. Drei Anschaugeschichten
32 Seiten
ISBN 13: 978-3-522-43500-0, ISBN 10: 3-522-43500-1
Ganz schön schlau, Billi Seehund
Drei Anschaugeschichten
32 Seiten
ISBN 13: 978-3-522-43526-0, ISBN 10: 3-522-43526-5

Die „Billi Seehund"-Bücher sind optimal geeignet für Zweijährige, denn sie schließen die Lücke zwischen Pappbilderbüchern für Krabbelkinder und den üblichen Bilderbüchern für Kindergartenkinder: In Papp- oder Stoffbilderbüchern werden oft nur einzelne Gegenstände abgebildet, die nur selten durch eine Geschichte verbunden sind. Bilderbücher für Kindergartenkinder überfordern dagegen Zweijährige oft noch aufgrund ihrer Länge, ihres Wortschatzes und insbesondere ihres Inhaltes. Mit den „Billi Seehund"-Büchern eröffnet sich dieser Altersgruppe die Welt des Vorlesens und Erzählens, weil die Geschichten sehr gut auf deren Erfahrungshorizont und Aufmerksamkeitsspanne abgestimmt sind. In jedem Buch werden liebevoll und anschaulich drei kleine, in sich abgeschlossene Begebenheiten aus Billis Alltag geschildert.

Im ersten Buch „Billi Seehund" liegt der Schwerpunkt auf Billis Wünschen nach Nähe und Geborgenheit: Eines Abends ist Billi zum Beispiel so müde, dass er wie ein Baby versorgt wird und glücklich an Mama gekuschelt einschläft. Oder es hilft einfach nichts gegen die Kälte, bis Papa nach Hause kommt und ihn in die Arme schließt. Es ist sehr schön, zu sehen, wie direkt Billi sein Bedürfnis nach Zuneigung ausdrücken kann und wie feinfühlig seine Eltern darauf eingehen. Hier bietet sich Eltern und Erzieherinnen die Gelegenheit, auch schon mit sehr kleinen Kindern über positive und negative Gefühle zu sprechen.

Das zweite Buch „Ganz schön schlau, Billi Seehund" erzählt von Billis kreativen Einfällen: Als er seine schrecklich kratzige Mütze auf keinen Fall aufsetzen will, kann er Mama über-

zeugen, ihm ihre kuschelige zu geben. Und als
es ihm zu langweilig wird, dass Mama in der
Zeitung liest, kann er sie dazu bewegen, mit
ihm Papierschiffchen zu basteln. Dieser Band
geht sehr treffend auf die Erfahrungen von
zweijährigen Kindern in der Trotzphase ein,
indem er zeigt, dass die Erwachsenen in ihrer
Umgebung oft ganz andere Pläne und Wünsche haben als die Kinder. Billi bietet hier ein
gutes Modell, wie diese oft so unterschiedlichen Vorstellungen in Einklang gebracht werden können, denn er handelt altersgemäße
Kompromisse aus und kann sich selbst dabei
als aktiv, wirksam und einflussreich erleben.

Auswahlliste
Deutscher Jugendliteraturpreis

Irina Korschunow/Reinhard Michl
Der Findefuchs
32 Seiten
ISBN 13: 978-3-522-41990-1, ISBN 10: 3-522-41990-1

Eine Füchsin findet im Wald einen kleinen
Fuchs, dessen Mutter vom Jäger getötet wurde.
Zunächst widerstrebend kümmert sie sich um
den Kleinen und will ihn in ihren Bau tragen,
obwohl sie selbst schon drei Kinder hat, für die
sie sorgen muss. Sie flieht mit ihrem Findefuchs vor dem Hund des Jägers und verteidigt
ihn gegen einen Dachs, auch wenn sie sich dadurch selbst in Gefahr begibt und es für sie viel
einfacher wäre, den kleinen Fuchs seinem
Schicksal zu überlassen. Endlich im Bau angekommen, nehmen die drei Kinder der Füchsin
den Findefuchs nach kurzem Zögern in ihre
Mitte auf. Am nächsten Morgen kommt die
Nachbarin und kann nicht verstehen, warum
die Füchsin sich um ein fremdes Kind kümmert. Diese will ihr das Findelkind zeigen,

kann es aber nicht von ihren eigenen drei Kindern unterscheiden, denn alle vier sehen gleich
aus, riechen gleich und sind gleich anhänglich.
Da erkennt sie, dass sie alle vier Kinder gleich
liebt, und auch die Nachbarin wird darüber
ganz nachdenklich.
Dieses Buch ist für Kinder ab dem Schulalter
zu empfehlen. Bemerkenswert an der Geschichte ist, dass die Füchsin sich um das hilflose Fuchskind kümmert, ohne dass dieses etwas dafür tun muss. Es wird einfach um seiner
selbst willen angenommen, verteidigt und umsorgt. Das Buch eröffnet die Möglichkeit, mit
Kindern altersgemäß über Werte wie Nächs-
tenliebe und Solidarität zu sprechen: Warum
sorgt man für andere und hilft Schwächeren,
auch wenn man selbst davon keinen Vorteil
hat, sondern im Gegenteil dafür noch Mühen
auf sich nehmen muss? Das Buch eignet sich
insbesondere auch für Kinder, die sich in einer
schwierigen Lebenssituation befinden, die ihre

Umgebung als feindselig erleben oder eine wichtige Bezugsperson verloren haben, denn in dieser Geschichte wird die Hoffnung und Möglichkeit ausgedrückt, auch aus einer katastrophalen und existenziell bedrohlichen Situation gerettet zu werden. Aufgrund seines Inhaltes und seines Erzählstils ist das Buch auch sehr gut für den Einsatz mit verhaltensauffälligen oder traumatisierten Kindern im Rahmen von psychologischen, spieltherapeutischen und heilpädagogischen Maßnahmen geeignet. Die vorwiegend in warmen Erdfarben gehaltenen Zeichnungen unterstützen den emotionalen Zugang zur Thematik.

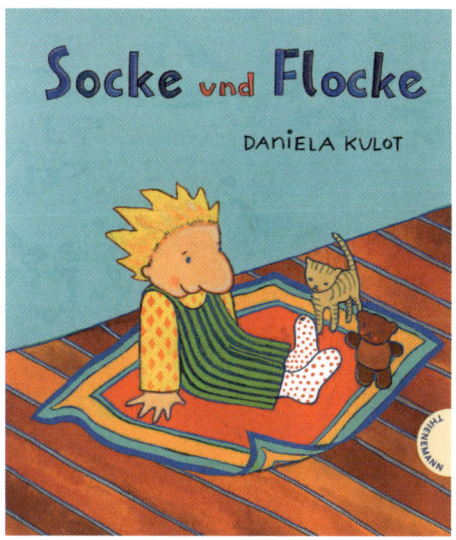

Daniela Kulot
Socke und Flocke
32 Seiten
ISBN 13: 978-3-522-43512-3, ISBN 10: 3-522-43512-5

Anna hat ganz eigene Vorstellungen davon, welche Kleidungsstücke gut zusammenpassen. An ihrem Geburtstag will sie sich besonders schön anziehen und braucht dafür unbedingt ihre Lieblingssocken, doch nur eine davon ist zu finden. Sie durchsucht das ganze Haus und entdeckt die fehlende Socke unerreichbar in der Waschmaschine. Als ihre Geburtstagsgäste eintreffen, hat sie eine pfiffige Lösung gefunden und sich einfach das Sockenmuster mit Filzstift auf den nackten Fuß gemalt.
Dieses Buch ist für Kinder ab zweieinhalb Jahren geeignet. Die ausdrucksstarken, farbenfrohen Bilder und die klare Sprache erleichtern es gerade kleineren Kindern, der Erzählung zu folgen. Auch in Annas Plänen und Handlungen können sich schon Zweijährige leicht wie-

dererkennen, denn es werden hier liebevoll Alltagskonflikte im Familienleben dargestellt, die jedes Kind – und jede Mutter – kennt. Zum einen haben Mütter und Kinder sehr oft ganz unterschiedliche Vorstellungen darüber, welche Kleider-, Farb- und Musterkombinationen gut zusammenpassen, was häufig zu langen morgendlichen Diskussionen führt. Zum anderen hängen viele Kinder ebenso wie Anna phasenweise an einem ganz besonderen Lieblingskleidungsstück, das sie ständig anziehen wollen, egal ob es mittlerweile schmutzig, verschlissen oder für die Jahreszeit unpassend ist. Und drittens können sich sehr kleine Kinder auch deswegen leicht mit Anna identifizieren, weil jedes Kind immer wieder die schlimme Situation erlebt, dass das Lieblingskuscheltier oder ein ganz dringend benötigtes Spielzeug wie vom Erdboden verschwunden ist.
Anna kann hier Vorbild für aktives und kreatives Handeln sein, denn statt hilflos zu jammern und zu weinen, macht sie sich selbstständig und ausdauernd auf die Suche. Sie probiert

mehrere Lösungsstrategien aus und geht dabei logisch und systematisch vor. Und auch als sie die Socke zwar endlich findet, aber dennoch nicht anziehen kann, lässt sie die Wut und Enttäuschung darüber nicht die Oberhand gewinnen, sondern hat eine originelle Idee, wie sie ihr Lieblingskleidungsstück ersetzen kann.

Achim Bröger/Leopé
Nur noch zehn Minuten
32 Seiten
ISBN 13: 978-3-522-43490-4, ISBN 10: 3-522-43490-0

An einem Sonntagmorgen sind Katharina und Max schon längst wach und möchten endlich ihre Eltern aufwecken. Doch die weigern sich aufzustehen und wollen noch zehn Minuten liegen bleiben. Nun versuchen die Geschwister mit allen Mitteln, die Eltern aus dem Bett zu vertreiben: Sie kitzeln sie, ziehen ihnen die Decken weg und musizieren laut im Schlafzimmer. Als alles nichts nützt, ändern Katharina und Max ihre Strategie und bereiten das Frühstück vor, worauf Mama und Papa endlich begeistert aus dem Bett steigen. Doch als die Eltern am schön gedeckten Tisch Platz nehmen, können die Geschwister sich leider nicht dazusetzen, denn jetzt sind die beiden so in ein Spiel vertieft, dass sie unbedingt noch zehn Minuten brauchen, bis sie Zeit zum Frühstück finden. „Nur noch zehn Minuten" ist für Kinder ab drei Jahren zu empfehlen. In dem Buch wird anschaulich und für Kinder nachvollziehbar geschildert, dass es viel leichter und erfolgversprechender ist, jemanden mit einem positiven Anreiz zu etwas zu bewegen, als ihn mit Drohungen und negativen Konsequenzen zum

erwünschten Verhalten zwingen zu wollen: Erst als die Eltern mit dem gedeckten Frühstückstisch überrascht werden, stehen sie gerne auf und tun damit das, was die Kinder mit der langen Reihe von unangenehmen und unerfreulichen Maßnahmen vorher nicht erreicht haben. Die Geschichte bietet auch die Möglichkeit, das subjektive Zeitempfinden bewusst zu machen: Auf der einen Seite können nur wenige Minuten quälend lang sein, wenn man auf etwas warten muss oder einfach Langeweile hat. Auf der anderen Seite vergeht die Zeit wie im Flug, wenn man in ein Spiel oder eine herausfordernde Aufgabe vertieft ist.

Weitere Bilderbücher
zum Thema „Familie – Geborgenheit":
Beate Dölling/Almud Kunert
Das Regenspiel, s. S. 114
Nele Moost/Michael Schober
Knuffel wächst in Mamas Bauch, s. S. 8
Edith Schreiber-Wicke/Carola Holland
Zwei Papas für Tango, s. S. 56

Es war einmal … : Märchen

DR. CLAUDIA BLEI-HOCH

„Ja vielleicht sind wir Menschen nur dazu geboren, um ruhelos zu suchen bis zum Schluss. Auch ich habe irgendwann einmal etwas verloren, was mir fehlt und was ich wiederfinden muss." Diese Zeilen, die aus einem Lied von Reinhard Mey stammen, erinnern daran, dass es zu den wohl größten und gleichsam schwersten Aufgaben des Menschen gehört, in seinem Leben Sinn zu finden. In unserem modernen Zeitalter, in dem zunehmend die Frage nach dem Ergebnis und weniger die nach dem Motiv das Handeln der Menschen bestimmt, wo Menschen geneigt sind, die Suche nach dem Sinn des Lebens als sinnlos zu betrachten, ist es eines der aktuellsten Themen unserer Gegenwart, nachfolgenden Generationen Kraft und Zuversicht für eine sinnerfüllte Zukunft zu vermitteln.

Dies kann zum Beispiel durch das Vorlesen bzw. Erzählen von Märchen geschehen. „Oberflächlich betrachtet", gibt der bekannte Märchenforscher Bruno Bettelheim in seinem Buch „Kinder brauchen Märchen" zu bedenken, „lehren Märchen zwar wenig über die Verhältnisse des modernen Lebens in der Massengesellschaft, denn sie wurden erfunden, ehe diese entstand. Über die inneren Probleme des Menschen jedoch und über die richtigen Lösungen für seine Schwierigkeiten in jeder Gesellschaft erfährt man mehr aus ihnen als aus jeder anderen Art von Geschichten im Verständnisbereich dcs Kindes. […] Gerade weil ihm sein Leben oft verwirrend erscheint, muss man dem Kind Möglichkeiten geben, sich selbst in dieser komplizierten Welt zu verstehen und dem Chaos seiner Gefühle einen Sinn abzugewinnen. Es braucht", wie Bruno Bettelheim resümiert, „Anregungen, wie es in seinem Inneren und danach auch in seinem Leben Ordnung schaffen kann. Es braucht – und dies zu betonen ist in unserer Zeit kaum notwendig – eine moralische Erziehung, die ihm unterschwellig die Vorteile eines moralischen Verhaltens nahe bringt, nicht aufgrund abstrakter ethischer Vorstellungen, sondern dadurch, dass ihm das Richtige greifbar vor Augen tritt und deshalb sinnvoll erscheint. Diesen Sinn findet das Kind im Märchen."

Die Begegnung mit Märchen schließt zugleich immer auch die Begegnung mit unterschiedlichen existenziellen, menschlichen Erfahrungen ein, wie Leben und Tod, Liebe und Hass, Reichtum und Armut. Über die Jahrhunderte hinweg haben sich beim Erzählen, Sammeln und Aufschreiben von Märchentexten bestimmte Botschaften manifestiert, die, wie die Themen von Märchen auch, überschaubar sind. Die wohl nachdrücklichste Botschaft fast aller Märchen ist, dass das Gute über das Böse siegt. Da Märchen bekannterweise mündlich tradiertes Erzählgut sind und erst seit dem 19. Jahrhundert schriftlich fixiert wurden, weisen sie auch zentrale Merkmale mündlich überlieferter Texte auf. So zeichnen sich Märchen häufig durch eine einfache und verständliche Sprache aus und beinhalten Wiederholungen (zum Beispiel die Eingangsformel „Es war einmal …"), die Wiedererkennung und eine gewisse Allgemeingültigkeit hervorrufen sollen. Nichtsdestotrotz sprechen Märchen eine äußerst vieldeutige, symbolische Sprache. Hinter so einem scheinbar einfachen Wort wie „Wald" verbirgt sich weit mehr als nur die Bezeichnung für eine Landschaft. Auf einer symbolischen Ebene entschlüsselt, ist der Wald als eine Objektivierung von Gefühlen, wie der Angst vor der Dunkelheit oder dem Unbekannten, zu verstehen.

Vor allem diese Symbol- und Bildhaftigkeit der Märchentexte begründet ihre Deutungsvielfalt. Deshalb sind Märchentexte so elementar für die Entfaltung einer narrativen Fantasie von Kindern. Die vorliegenden sieben Märchen der Brüder Grimm bilden nicht nur einen guten Überblick über zentrale Märchenthemen, sondern auch über die unterschiedlichen Möglichkeiten ihrer Illustration. Thematisch lassen sich die Märchentexte zu „Dornröschen", „Rotkäppchen", „Froschkönig" und „Der Wolf und die sieben Geißlein" jenen Texten zuordnen, in denen der Märchenheld allen Warnungen zum Trotz seinen ureigenen Gelüsten und Wünschen folgt. Die Missachtung der wohlgemeinten Ratschläge konfrontiert dcn Märchenhelden mit dem Bösen in Gestalt eines Wolfes, einer gekränkten Fee oder eines unerwünschten Froschs. Aus diesen immer gut verlaufenden Begegnungen geht der Märchenheld in aller Regel gereift hervor, das „Leben" hat ihm eine erste Lektion erteilt. Das eigene Leben selbst in die Hand zu nehmen und, statt pessimistisch dreinzublicken, optimistisch zu bleiben, diese Botschaft vermittelt das Märchen von den „Bremer Stadtmusikanten". Und

dass der Fleißige und Gute schließlich belohnt wird, machen die Märchen von „Frau Holle" und dem „Rumpelstilzchen" auf unterschiedliche Weise deutlich. Gänzlich unterschiedlich ist auch die bildnerische Umsetzung dieser sieben bekannten Grimm'schen Märchen. Während die „Bremer Stadtmusikanten" in einem fast comicartigen Stil daherkommen, der in wunderbarer Weise mit dem Witz und der Cleverness der Bildfiguren, allen voran des Esels, korrespondiert, wirken die malerischen Illustrationen zum „Rumpelstilzchen" vor allem durch die gekonnt in Szene gesetzten Hell-Dunkel-Kontraste. Tatsächlich spielt ja ein Hauptteil des Märchens in der Nacht. Eine aktuelle und gleichzeitig ironisch-pointierte Perspektive verzeichnen die Bilder zu „Dornröschen" und „Frau Holle". Hier sind es versteckte Details (etwa Dornröschen mit einer Zuckertüte), die einen Bezug zum heutigen Kinderalltag herstellen lassen und auf diese Weise die Bildsprache im Märchenbuch aktualisieren. In keinem der sieben Märchen verfallen die Illustrationen der Beliebigkeit. Sie sind bei aller Unterschiedlichkeit ganz nah am Märchentext und liefern Bilddeutungen, die diese Märchenbilderbücher, auch aufgrund des Textumfangs, schon für kleinere Kinder geeignet erscheinen lassen. Statt falscher Idyllik und vorgestellter Harmonie zeichnen sich die Bilder sowohl durch Witz und Fantasie als auch durch das bildnerische Können einer jungen Illustratorengeneration aus. Beides zusammengenommen dürfte auch der Grund dafür sein, dass diese Märchenbilderbücher den großen und kleinen (Vor-)Lesern die Sinnsuche ein Stück weit erleichtern, ja vielleicht sogar zu einem unvergesslichen Erlebnis werden lassen.

Brüder Grimm/diverse Illustratoren
Märchenbilderbuch-Reihe
alle 32 Seiten

Frau Holle
illustriert von
Imke Sönnichsen

ISBN 13: 978-3-522-43374-7, ISBN 10: 3-522-43374-2

Der Froschkönig
illustriert von
Daniela Chudzinski

ISBN 13: 978-3-522-43411-9, ISBN 10: 3-522-43411-0

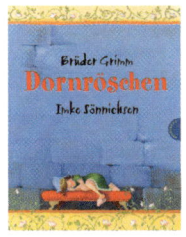

Dornröschen
illustriert von
Imke Sönnichsen

ISBN 13: 978-3-522-43432-4, ISBN 10: 3-522-43432-3

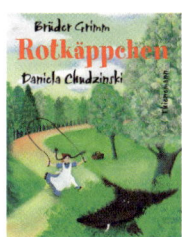

Rotkäppchen
illustriert von
Daniela Chudzinski

ISBN 13: 978-3-522-43393-8, ISBN 10: 3-522-43393-9

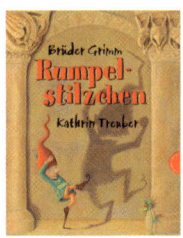

Rumpelstilzchen
illustriert von
Kathrin Treuber

ISBN 13: 978-3-522-43367-9, ISBN 10: 3-522-43367-X

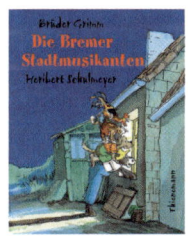

Die Bremer Stadtmusikanten
illustriert von
Heribert Schulmeyer

ISBN 13: 978-3-522-43404-1, ISBN 10: 3-522-43404-8

Der Wolf
und die sieben Geißlein
illustriert von
Susanne Smajić

ISBN 13: 978-3-522-43366-2, ISBN 10: 3-522-43366-1

Das Märchen-Bilderbuch der Brüder Grimm
(Sammelband ohne „Rumpelstilzchen")
160 Seiten

ISBN 13: 978-3-522-43455-3, ISBN 10: 3-522-43455-2

Weitere (auch nicht-klassische) Märchen im Bilderbuch:

Wolfram Eicke/Susanne Smajić
Der Pflaumenmusfänger
Potz Blitz! Am königlichen Hof herrscht heilloses Durcheinander: fliegende Torten, sausende Puppenwagen, rollende Mülltonnen!
Und das alles nur, weil der König mit dem Pflaumenmus gekleckert hat? In diesem Buch erfahren Kinder viel über Ursache und Wirkung!
32 Seiten
ISBN 13: 978-3-522-43441-6, ISBN 10: 3-522-43441-2

Das große Märchen-Bilderbuch der Brüder Grimm
(Sammelband mit allen Bilderbüchern)
lieferbar ab September 2006, 192 Seiten
ISBN 13: 978-3-522-43540-3, ISBN 10: 3-522-43540-0
lieferbar ab September 2006, 192 Seiten mit CD
ISBN 13: 978-3-522-43541-6, ISBN 10: 3-522-43541-9

Otfried Preußler/Gennadij Spirin
Das Märchen vom Einhorn
Drei Brüder gehen gemeinsam auf die Einhornjagd, aber zuerst gibt der älteste, dann der zweitälteste auf zugunsten eines ganz normalen bequemen Lebens. Nur der jüngste spürt weiterhin dem Traum vom Einhorn nach.
32 Seiten
ISBN 13: 978-3-522-42530-8, ISBN 10: 3-522-42530-8

Mal besinnlich, mal turbulent: Weihnachten

BIRGIT HOCK

„Ze wihen nahten", in den heiligen Nächten – aus diesem mittelhochdeutschen Begriff, der ursprünglich die heiligen Mittwinternächte bezeichnete, ist unser deutsches Wort „Weihnachten" entstanden. Wer aber heute „Weihnachten" sagt, der meint nicht nur das Ereignis der Geburt Jesu: Geschenke, Kerzen, festliche Stimmung, Weihnachtsplätzchen, gutes Essen, der Weihnachtsbaum – all das sind Assoziationen, die dieser Begriff hervorruft. Doch jedes Fest, erst recht ein Fest, mit dem viele Erwartungen verknüpft werden, bringt Arbeit mit sich – Weihnachtsstress, Weihnachtshektik, Feiertagstrubel sind Erscheinungen, mit denen sich der Mensch im 21. Jahrhundert konfrontiert sieht. Gelassenheit statt Stress und Hektik, Ruhe und Besinnung abseits von Trubel und Terminen – der Wunsch nach echter Weihnachtsstimmung umfängt den modernen Menschen jedes Jahr aufs Neue.

Im Alltag gilt es, die vielen Bräuche rund um das Fest mit dem biblischen Ursprung in die vorweihnachtliche Betriebsamkeit zu integrieren: Wer es ernst meint mit Weihnachten, für den hat die Geschichte von der Geburt Jesu, der der Retter und Erlöser der Menschheit sein soll und der hineingeboren wird in ein ärmliches Umfeld, eine ganz besondere Bedeutung. Das Geschehen in Betlehem, das zum Ausgangspunkt unserer christlichen abendländischen Kultur wurde, die Geschichte von dem ungewöhnlichen Stern, der über den ärmlichen Stall hinwegzog, sowie die Legende von den Heiligen Drei Königen – all diese Geschichten sind heutzutage Allgemeinwissen und Allgemeingut zugleich und unmittelbarer Bestandteil des Weihnachtsfestes, wie wir es hier und heute feiern.

Doch auch der ethisch-moralische Aspekt gehört zum Weihnachtsfest: Weihnachten soll die Menschen einander näher bringen, der Menschheit aufzeigen, dass das Heil und die Erlösung auch von einer gänzlich unerwarteten Seite kommen können. Es soll uns erinnern, die Nöte und Sorgen unserer Mitmenschen wahrzunehmen, hin- statt wegzusehen. Hilfsbereitschaft und Barmherzigkeit sind keine leeren Worte für den, der Weihnachten wahrnimmt als Versprechen und Mahnung zugleich. Denn Weihnachten, das ist zum einen das Versprechen Gottes an die Menschen, ihnen helfend zur Seite zu stehen, zum anderen eine Mahnung an jeden Einzelnen von uns, trotz Einkaufsstress, Termindruck und täglicher Hetze die wahre Bedeutung des Festes nicht zu vergessen.

Wer sich einlassen will auf Weihnachten, der kann es sich zum Beispiel mit einem Stapel Bücher gemütlich machen, die alte Geschichte in neuen Worten lesen oder vorlesen. Nehmen Sie ein Buch zur Hand, lassen Sie sich ein auf die vielen Facetten unserer manchmal hektischen, manchmal dennoch besinnlichen Advents- und Weihnachtszeit – und bereiten Sie sich und Ihren Kindern auf diese Weise ein ganz besonderes Weihnachtsgeschenk!

Tanja Jeschke/Sabine Waldmann-Brun
Das Wunder von Betlehem
32 Seiten
ISBN 13: 978-3-522-30020-9, ISBN 10: 3-522-30020-3

„Es begab sich aber zu der Zeit, dass ein Gebot von Kaiser Augustus ausging, dass alle Welt sich schätzen ließe …" – so beginnt die Stelle im Lukas-Evangelium, die von der Geburt Jesu erzählt und die uns weitläufig als die Weihnachtsgeschichte bekannt ist. Wer aber diesen biblischen Text einem Kind vorliest, der merkt sehr schnell, dass ein echtes Textverständnis ausbleibt. Ganz anders dagegen der Text von Tanja Jeschke: „Einige Monate später hatte Kaiser Augustus, der über das Land herrschte, eine Idee: Er wollte alle Menschen zählen lassen. Dazu musste jede Familie in die Stadt reisen, aus der der Vater stammte. Überall wurden Esel und Maultiere beladen mit Gepäck, Essen und kleinen Kindern. Überall gingen die Menschen auf Wanderschaft."

Die Autorin erzählt dieselbe Geschichte in kindgerechten Worten, und so können schon Kleinkinder verstehen, was vor 2000 Jahren geschehen sein soll: In Betlehem angekommen, finden Maria und Josef erst nach langer, vergeblicher Suche, ganz am Rande der Stadt, eine Unterkunft. Kein Zimmer in einem Gasthaus, wie Josef es sich gewünscht hätte, ist noch frei, aber der Viehstall bietet wenigstens Stroh und Schutz vor der Kälte der Nacht. So kommt es, dass Jesus in einem Stall das Licht der Welt erblickt. Der Rest der Geschichte ist ebenfalls bekannt: Die gute Nachricht spricht sich schnell herum, die Hirten auf den Feldern machen sich auf, das Jesuskind zu suchen, und die Heiligen Drei Könige kommen und beschenken das Baby. Und auch die Geschichte von Herodes, der Angst vor einem neuen „König" hat, wird in wenigen Worten erwähnt.

Die Erzählung enthält alle zentralen Episoden der Weihnachtsgeschichte aus dem Matthäus- und Lukasevangelium und vermittelt so den Kindern das Grundwissen, das nötig ist, um die Bedeutung des Weihnachtsfests zu verstehen. Die Illustrationen tragen ihren Teil zum Verständnis der Geschichte bei, ohne plakativ oder kitschig zu wirken. Ein Bilderbuch, das sich bestens eignet für Vorlesestunden auch in einer größeren Runde, zum Beispiel in Kindergärten oder Grundschulklassen.

Hanneliese Schulze/Marion Elitez
Jule, Jakob und der Weihnachtsmann
32 Seiten
ISBN 13: 978-3-522-43478-2, ISBN 10: 3-522-43478-1

An den Weihnachtsmann glaubt Jule schon lange nicht mehr – sie weiß ganz genau, dass sich die Erwachsenen nur verkleiden, um den Kindern einen Bären aufzubinden. Als aber die Kinder im Kindergarten mit ihrer Erzieherin einen Brief an den Weihnachtsmann schreiben, macht Jule dann doch mit. Auf diesen Wunschzettel schreibt sie all die Wünsche, die so richtig schwer zu erfüllen sind. Den Brief schickt sie an den Nordpol, und wenn es den Weihnachtsmann gibt, dann schafft er es auch, Jule einen ganz besonderen Wunsch zu erfüllen.

Ihr sehnlichster Wunsch nämlich ist, Weihnachten einmal gemeinsam mit Jakob, ihrem Freund, und mit Jakobs Mama zu feiern …

Sie ist überzeugt: „Wenn es ihn [den Weihnachtsmann] gibt, dann schafft er es auch. Und wenn nicht, dann feiern wir trotzdem Weihnachten." – Wie so viele Kinder heutzutage ist Jule hin- und hergerissen zwischen ihrem heimlichen Wunsch, kindlich-naiv an den Weihnachtsmann zu glauben, und ihrer „kindlichen Größe", ganz abgeklärt und modern, eben schon eine „richtige Große" zu sein und den Glauben an den Weihnachtsmann einfach abzutun.

Die Wochen und Tage vor dem Fest sind angefüllt mit Basteleien und Geheimniskrämerei, mit Vorfreude, Hoffnung und einigen Zweifeln. Doch angesteckt von Jules Nachdenklichkeit und dem Wunsch, der Tochter eine wirkliche, echte Weihnachtsfreude zu bereiten, kommt wohl auch Jules Mutter ins Nachdenken: Als endlich der 24. Dezember da ist, kann Jule den Abend kaum erwarten, sie ist in allerbester Weihnachtsstimmung. Plötzlich klingelt es an der Tür – und dort stehen Jakob, Jakobs Mama und seine Oma! Jule kann ihr Glück kaum fassen! Und ihr Wunsch beschert nicht nur ihr, sondern auch ihrer Familie und dem Freund zusätzliche Freude: Nicht nur die Kinder erleben die Erfüllung ihrer Wünsche, auch Jakobs Oma trägt auf ihre besondere Weise dazu bei, dass Jule und Jakob mit ihren Familien ein unvergessliches Weihnachtsfest erleben.

Und Jule? Glücklich und zufrieden kann sie am Ende ganz gut mit zwei Wahrheiten leben: mit dem Wissen, dass es den Weihnachtsmann eben doch irgendwie gibt, auch wenn sich die Erwachsenen nur verkleiden. Bestimmt wartet daher am Ende am Nordpol jemand auf einen schönen Brief …

Hermien Stellmacher
Das Weihnachtswunschgeheimnis
32 Seiten

ISBN 13: 978-3-522-30060-5, ISBN 10: 3-522-30060-2

Ein ganz besonderes Weihnachtsfest wünschen sich die Tiere des Waldes dieses Jahr. Einen Baum haben sie schon jedes Jahr geschmückt, was sonst noch würde das Fest bereichern? Zum Glück hat der Igel eine Idee – und die Tiere beschließen, sich gegenseitig zu beschenken. Der Hase hat noch eine ganze Rolle Geschenkpapier, die er gerecht aufteilt, damit alle Päckchen gleich aussehen, und schon beginnt das große Hin-und-her-Überlegen. Dem Igel fällt ein, dass die Eule in ihrem Baumstamm viele Kerzenständer hat – bestimmt sammelt sie die! Na, einen Kerzenständer kann der Igel selbst basteln, also macht er sich gleich an die Arbeit …

Auch die Eule ist sehr eifrig, sie will eine Umhängetasche für das Eichhörnchen nähen; zuerst aber muss sie den Tisch von den vielen Kerzenständern befreien, die ihr die Tante zwar immer schenkt, die ihr aber überhaupt nicht gefallen. Das Eichhörnchen wirft derweil beim Wühlen in seiner Sammelkiste die Umhängetasche, mit der es beim Sammeln immer an den Ästen hängen bleibt, achtlos zur Seite … Oje, denkt sich der Leser – da bahnt sich ja eine echte Tragödie an!

Ein paar Tage später ist es geschafft: Alle haben ihre Geschenke fertig – der Korb mit den Päckchen sieht wundervoll aus! Nur mit dem kleinen Dachs hat keiner von ihnen gerechnet. Neugierig packt er alle Päckchen aus und schnell wieder ein, als ihn sein großer Bruder erwischt – wobei er leider die Namenszettel vertauscht … Doch wer hätte das gedacht: Auf diese Weise sind die Geschenke perfekt verteilt!

„Das Weihnachtswunschgeheimnis" berichtet von der Kunst des Schenkens, die wahrlich keine einfache Kunst ist. Das merken letztendlich auch die Tiere, als sie gespannt und neugierig die Päckchen öffnen. Dabei hatten sie sich alle gut überlegt, womit sie dem Freund eine Freude machen könnten, und sich mit viel Eifer und Liebe um ein echtes Geschenk bemüht. Wieso also sollten sie mit ihren Ideen falsch liegen? Doch Weihnachten ist nicht nur die Zeit der Geheimnisse, sondern auch die Zeit der Überraschungen, und das Augenzwinkern, mit dem Hermien Stellmacher vom Schenken, von der Geheimniskrämerei und der Neugier erzählt, macht die Geschichte zu einer humorvollen Lektüre für Geschenkefans und Geschenkemuffel zugleich. Das Wichtigste an Weihnachten sind nämlich die Geschenke – oder etwa nicht?

Achim Bröger/Leopé
Du bleibst hier!
32 Seiten
ISBN 13: 978-3-522-43514-7, ISBN 10: 3-522-43514-1

Der Hund Goli steht im Mittelpunkt dieser ungewöhnlichen Weihnachtsgeschichte. Als Erzähler verkündet er gleich auf der ersten Buchseite, dass er „ihn" ja wirklich niedlich findet. Er riecht nämlich so gut, nach Wald, Kerzen und nach Süßigkeiten – das muss der Weihnachtsmann sein! Und der muss da bleiben, es kann einfach nicht sein, dass er so schnell wieder wegmuss.

Um ihn am Gehen zu hindern, hält der Hund den Weihnachtsmann mit den Zähnen am Mantel fest – und hat Erfolg: Auf den Schreck hin bietet die Mutter dem Mann ein Glas Punsch an, das dieser nicht ablehnt. Und beim Punschtrinken kommen alle ins Erzählen. Als er schließlich aufbrechen will, versteckt Goli den großen Sack, bewacht die Haustür und verhindert die Flucht des Weihnachtsmannes durch den Keller.

Die Geschichte liest sich im Folgenden wie das Märchen vom Hasen und dem Igel: Ganz egal wohin sich der Weihnachtsmann auch begibt, Goli ist schon da! Da beschließt er, erst einmal zu bleiben. Doch er hat auch einen Chef ...

Die Geschichte über den Weihnachtsmann, der bleiben soll, ob er will oder nicht, hat wenig zu tun mit dem Ursprung oder dem ethischen Aspekt des Weihnachtsfestes. Ganz im Gegenteil – sie liest sich eher wie eine Persiflage aufs Kostümieren zum Fest.

Viel Situationskomik aber und der Gedanke, dass der Weihnachtsmann gar fester Bestandteil eines Alltags werden könnte, machen das Buch zu einer ungewöhnlichen, witzigen Lektüre und schaffen so manchen Gesprächsanlass über das, was zu Weihnachten wirklich wichtig ist.

Weitere Bilderbücher
zum Thema „Weihnachten":

Bianka Minte-König/Hans-Günther Döring
Komm mit, es weihnachtet sehr
Mit bunten, fröhlichen Bildern stimmt dieses Buch Kinder und Eltern auf die Weihnachtszeit ein.
32 Seiten
ISBN 13: 978-3-522-43311-2, ISBN 10: 3-522-43311-4

Otfried Preußler/Julian Jusim
Das Eselchen und der kleine Engel
Die Weihnachtsgeschichte, erzählt aus der Sicht eines kleinen Esels.
32 Seiten
ISBN 13: 978-3-522-43156-9, ISBN 10: 3-522-43156-1

Gott und die Welt: Religion – Kirche – Ethik

MATTHIAS KOEFFLER

Kinderbücher zu Themen des kirchlichen Lebens zu machen ist wie eine Wanderung zwischen zwei Welten. Auf der einen Seite sollen die Bilderbücher den Kindern die Welt der sichtbaren Kirche erklären und über sie informieren. Wie funktioniert Taufe? Was hat es mit dem Martinslicht auf sich? Das heißt informieren über das Gemeindeleben mit seinen gelebten Traditionen und Bräuchen. Auf der anderen Seite müssen aber auch gleichzeitig die Werte, die sich wie unsichtbar hinter den Traditionen, also dem sichtbaren Gemeindeleben, verbergen, vermittelt werden. Und damit sollen sie helfen, das auch für viele Erwachsene Unbegreifliche begreiflich werden zu lassen und erste Fundamente zu legen.

Der Leistungsanspruch an ein solches Bilderbuch ist hoch, gleichzeitig gibt es aber auch eine neue Freiheit, vieles neu auszuloten.

Erwachsene selbst sind häufig verunsichert über die Inhalte des kirchlichen Lebens, gleichzeitig ist aber deutlich ein neues Interesse und eine neue Lust zu spüren, sie wieder zu entdecken. Der Druck, Stellung zu beziehen, ist bis in die Familien zu spüren. Durch die Globalisierung kommen Erwachsene und Kinder in anders geprägte Gegenden. Oder Menschen aus anders konfessionell geprägten Regionen oder aus anderen Religionen ziehen in unsere unmittelbare Nachbarschaft.

Durch die neuen Kommunikationsmöglichkeiten werden neue Feste wie zum Beispiel Halloween beliebt. In vielen kirchlichen Einrichtungen wie Kindergärten und Schulen ist nur noch die Taufe eine Voraussetzung zum Beitritt. Bilderbücher können Kindern eine Orientierung bieten und das Gute in den jeweils anderen Traditionen entdecken helfen. Die konfessionellen Abgrenzungen vermischen sich bis in die Ehen hinein, Erwachsene wie Kinder stellen pragmatische Fragen. Nicht mehr: „Wohin gehöre ich und welche Antworten gibt mir das vor?" Sondern: „Wie hilft meinem Kind die Taufe?", „Wie kann ich mit Gott ins Gespräch kommen, das mir hilft?", „Was bedeutet der Himmel für mich?"

Dazu kommt: Der Traditionsabbruch wirkt nach. Zuerst wurde die Tradition in der Aufklärung infrage gestellt, dann sogar tief greifend durch den Nationalsozialismus missbraucht. In der globalisierten Welt seinen eigenen Traditionen zu misstrauen ruft große Verunsicherung hervor. Doch ohne das Gute an den abendländisch-christlichen Traditionen zu verstehen, lässt sich die eigene Gesellschaft nicht begreifen.

Bilderbücher können auch Erwachsenen helfen, ihre Traditionen neu zu entdecken und für Kinder zu formulieren. Dadurch ergeben sich viele Chancen: Über die gelebten und für Kinder sichtbaren Traditionen kann die Brücke zu den christlichen Werten und Inhalten und damit zu den das Leben tragenden Elementen neu geschlagen werden.

Erwin Grosche/Dagmar Geisler
Kindergebete-Reihe
alle 48 Seiten

Pass gut auf mich auf
50 Gute-Nacht-Gebete
ISBN 13: 978-3-522-30056-8
ISBN 10: 3-522-30056-4

Hier ist noch Platz für dich
50 Tischgebete
ISBN 13: 978-3-522-30057-5
ISBN 10: 3-522-30057-2

Ich sag dir Danke
50 Dankgebete
ISBN 13: 978-3-522-30071-1
ISBN 10: 3-522-30071-8

Mach alles wieder gut
50 Trostgebete
ISBN 13: 978-3-522-30076-6
ISBN 10: 3-522-30076-9

Du bist immer dabei
50 Gebete durch das Jahr
ISBN 13: 978-3-522-30081-0
ISBN 10: 3-522-30081-5

Beten ist heute für viele nicht mehr selbstverständlich. War es aber auch nicht immer. Schon die Jünger mussten bei Jesus nachfragen: Herr, wie sollen wir beten? Da gab er ihnen das Vaterunser mit auf den Weg. Allerdings verkümmerte das Beten in der Tradition ebenfalls mit den immer gleichen Formeln, die vor Süßlichkeit nichts mehr zu sagen schienen („Ich bin klein, mein Herz ist rein …"). Vieles Gute ist zugunsten von Eingänglichkeit zurückgedrängt worden. Heute stellen sich die Menschen die Frage: „Welches Gebet hilft mir? Und welches passt in die Zeit meiner Kinder?" Im Gabriel Verlag erscheinen nun seit einigen Jahren regelmäßig Gebetbücher für Kinder. Fünf kleine Bändchen haben das Team Erwin Grosche und Dagmar Geisler inzwischen herausgebracht.

Die Gebete in diesen Büchern machen fest an den Lebenslagen der Kinder und ermöglichen eine neue Vielfalt. Der Autor hilft alte und verschüttete Gebete neu zu entdecken und neue zur Gewohnheit werden zu lassen. Denn auch in den neuen Gebeten bewährt sich häufig die Reimform, die die Gebete eingängig und leicht lernbar macht, sodass sie sich gemeinsam wiederholen lassen. Bedrängende Situationen können in den Trostgebeten durch den Glauben an Gott gemeistert werden, ohne Gott in Frage stellen zu müssen. Denn dann geht das Leben weiter und bleibt nicht vor einem unlösbaren Rätsel stehen. Dank und Lob, Bitte um Schutz in der Nacht gehören ebenso dazu wie die vielen Ereignisse im Jahreslauf, vom Wunder des Frühlings bis hin zu den Weihnachtsgeschenken, die der neue Band aufnimmt.

Die fröhlichen Illustrationen von Dagmar Geisler machen dabei Lust und neugierig auf das Gespräch mit Gott und helfen, Gebete als Teil des Lebens zu betrachten. Indem sie mal ältere und mal jüngere Kinder darstellt, werden diese Bücher für eine breite Altersgruppe einsetzbar.

Außerdem lieferbar:
Erwin Grosche (Hrsg.)/Alison Jay
Du machst mich froh
Das große Buch der Kindergebete
224 Seiten
ISBN 13: 978-3-522-30013-1, ISBN 10: 3-522-30013-0

Jude Daly
Alles hat seine Zeit
32 Seiten
ISBN 13: 978-3-522-30068-1, ISBN 10: 3-522-30068-8

Eigentlich gehört dieses Buch in das Kapitel „Bibelgeschichten" mit für Kinder nacherzählten Stellen aus der Bibel. Doch es gibt auch biblische Texte wie diese, die nicht erst in unsere Zeit übertragen werden müssen; sie sind sozusagen Evergreens im religiösen Denken und Fragen. Das Bilderbuch „Alles hat seine Zeit" orientiert sich am „Prediger Salomo". Es gehört zum Verdienst des Gabriel Verlages, mit diesem Bilderbuch Kindern einen biblischen Abschnitt nahe zu bringen, der bisher kaum Eingang in die Kinderzimmer gefunden hat und auch in den meisten Kinderbibeln nicht vorkommt. Dabei stellt es sich einer so eminent spannenden Frage: Was ist Zeit und was leistet sie für uns? Gerade Kinder machen Zeit nicht an vorrückenden Zeigern fest, sondern an Geschichten und Geschehnissen. Deshalb ist dieser Bibeltext durchaus kindgerecht.

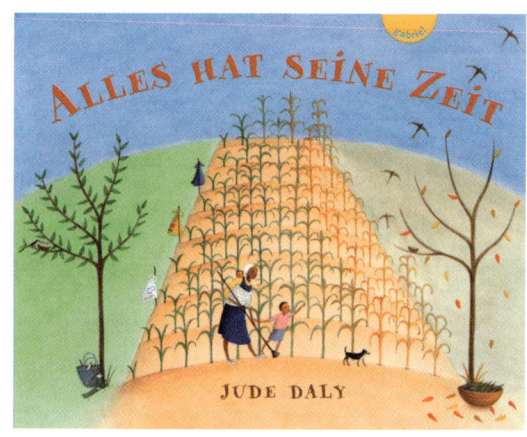

„Alles hat seine Zeit, was unter dem Himmel geschieht", so beginnt es. „Geboren werden hat seine Zeit, sterben hat seine Zeit ..." Und mit immer gleichem Ausgang der Sätze spannt das Bilderbuch die Bögen des Lebens in all seiner Härte und Schönheit: vom Pflanzen zur Ernte, vom Heilen zum Töten, vom Bauen zum Abbrechen, vom Weinen zum Lachen, vom Klagen zum Tanzen, vom Steine-Wegwerfen zum Steine-Sammeln und so weiter. Meditativ, mit einem Satz pro Bild führt das Bilderbuch an die großen Erfahrungshorizonte heran. Es darf weitergefragt werden: „Weißt du noch, wer geboren wurde? Wer ist gestorben? ..." Unterstützt wird dies durch die in sich ruhenden Zeichnungen von Jude Daly. So wie Kinder malen würden, aber durchaus distanziert, setzt sie die Themen um.
Ohne Umschweife vermittelt das Bibelstück schlicht: Im Rückblick kann die Zeit Wunden heilen. Aus dem Blickwinkel der Zeit ist alles, Freud wie Leid gleich gültig, ohne gleichgültig zu sein, alles gehört zum Leben dazu. Und sie bedeutet mehr als nur die Uhr lesen zu können.

Robert Jensen/Heike Herold
Wer wohnt in diesem Haus?
32 Seiten
ISBN 13: 978-3-522-30055-1, ISBN 10: 3-522-30055-6

„In dieser Stadt sieht ein Haus / ganz anders als die andern aus." Das Bilderbuch „Wer wohnt in diesem Haus?" beginnt geschickt wie ein Reimrätsel. Und tatsächlich geht es ja auch darum, etwas zu enträtseln. Nämlich die Kirche. Das unternehmen der Autor Robert Jensen und die Illustratorin Heike Herold leichtfüßig und geschickt. Die Zeichnungen sind voller Dynamik und menschenfreundlich hell. Wer das Buch einsetzen will, sollte genau auf das Fragewort achten: Wer, nicht was, ist in der Kirche?, lautet die Frage.

Es geht in diesem Buch also nicht um die Gegenstände, wie Kreuz, Kanzel und Chor, sondern um die Menschen, die in die Kirche gehen. Die Organistin, die die Orgel bedient, der Küster, der sie in Ordnung hält, und natürlich die Menschen, die sie besuchen, werden vorgestellt. Zum Beispiel Kinder, mit denen sich die jungen Leser identifizieren können. Aber auch der Bäcker, der Busfahrer und die Kindergärtnerin. Was machen die so am Sonntag?

„Wer wohnt in diesem Haus?" Die Frage ist so alt wie die Kirche. Vereinfacht ausgedrückt würden die Katholiken antworten: „Gott wohnt in der Kirche", die evangelischen Gläubigen: „Kirche ist ein Versammlungsraum für die gläubige Gemeinde."

Der Autor findet eine praktikable und sehr menschliche Antwort: „Für die Menschen ist es (das Haus) da, / ihnen ist Gott hier ganz nah." Nach dem Muster des Jesuwortes „Der Mensch ist nicht für den Sabbat da, sondern der Sabbat für den Menschen" sollte trotz unterschiedlicher Vorstellungen im Blick bleiben, dass Gott und damit auch die Kirche für den Menschen da ist. Mit dieser Antwort kann jedes Kind erst einmal einen Einstieg in das Kirchenverständnis finden und es später ausbauen.

Bei aller Ökumene: „Wenn man ein Buch macht, in dem ein Pastor oder ein Pfarrer vorkommt, spätestens da muss man sich entscheiden, wie der Geistliche dargestellt werden soll", sagt Gabriel-Lektorin Ebinger. In diesem Buch hat man sich für den evangelischen Talar entschieden. Dennoch: Die Menschen, Organistin, Küster und diejenigen, die die Kirche besuchen, sowie die allzu menschlichen Abläufe um den sonntäglichen Besuch sind überall gleich. Und so ist das Buch in beiden großen Konfessionen einsetzbar.

Ursel Scheffler/Jutta Timm
Zum Taufen nimmt man Wasser ohne Seife
32 Seiten
ISBN 13: 978-3-522-30063-6, ISBN 10: 3-522-30063-7

Taufe. Nur eine schöne Feier rund um das Kind? Mitnichten. Sie ist ein Einschnitt im Leben jeder Familie, der auch erklärt und bewältigt werden will. Ursel Scheffler und Jutta Timm machen das in dem Buch „Zum Taufen nimmt man Wasser ohne Seife" auf herausragende Weise.

Der Autorin gelingt es, die Taufe im Rahmen einer Abenteuergeschichte zu erklären. Florian, der Held der Geschichte, hat Angst vor Wasser. Denn wenn ihn seine beiden älteren Schwestern abduschen, bekommt er Seife in die Augen, und das brennt. Als nun eine kleine Schwester in die Familie kommt und diese getauft werden soll, möchte Florian seine Schwester beschützen. Sie soll kein Wasser auf den Kopf bekommen, womöglich mit Seife drin, wie seine Schwestern behaupten. Und indem er sich für sie einsetzt, lernt er eine Menge über die Taufe. Welche Funktion ein Pate hat und warum ein Kind überhaupt getauft wird. Schließlich erlebt er die Zeremonie mit, und der kleine Leser wird mit dem ungefähren Ablauf vertraut. In jedem Fall gelingt es der Autorin, dass sich der Leser mit Florian identifiziert, und vor allem dadurch wird das Bilderbuch spannend.

Das Buch bietet außerdem viele weitere Dimensionen. Es handelt von typischen Streitereien unter Kindern und wie sich der kleine Held (auch mithilfe des Paten) durchsetzen kann. Gleichzeitig ist es eine gute Vorbereitung darauf, wenn ein neues Kind in die Familie kommt. Die Charaktere der Geschichte sind individuell ausgeprägt, und die Illustrationen lassen die Geschichte lebendig werden. Auch wenn es Familien mit vier Kindern heute kaum noch gibt: Es gibt immer Kinder, die älter sind und einen ärgern. So ist das Buch universell einsetzbar.

Ursula Wölfel/Daniele Winterhager
Das schönste Martinslicht
32 Seiten
ISBN 13: 978-3-522-30017-9, ISBN 10: 3-522-30017-3
auch lieferbar im Midi-Format:
ISBN 13: 978-3-522-30078-0, ISBN 10: 3-522-30078-5

Diese Geschichte um das Martinslicht ist eine in die Welt der Jungen und Mädchen geholte und damit moderne Fassung der Legende des heiligen Martin. Martin heißt darum auch praktischerweise ihr Protagonist. Der kleine Martin hat gerade seine schönste Laterne gebaut. Mit ihr stürmt er zum Martinssingen los,

len meint: Es ist mehr als nur das Teilen mit dem besten Freund. Und das Buch nimmt ernst, dass Teilen nicht immer so einfach ist. Es bedeutet auch, einen Verlust zu erleiden. Mit all dem macht dieses Buch vertraut.

Die stimmungsvollen Zeichnungen von Daniele Winterhager, die die dunkle Atmosphäre eines Herbstnachmittages in Deutschland gut einfangen, tun dazu ein Übriges. Dabei ermöglicht die Buntstifttechnik, die auch die Kinder gut kennen, zusätzliche Identifikationsmöglichkeiten. Und so kann eine Geschichte, die für Zweitklässler zum Selbstlesen gedacht ist, auch bereits jüngeren Kindern vorgelesen und von ihnen verstanden werden.

auch wenn eine andere Gruppe offenbar das Revier von Martin und seinen Freunden streitig macht. Plötzlich findet Martin einen der Jungen aus dieser fremden Gruppe weinend am Straßenrand, weil dessen Laterne abgebrannt ist. Es dauert eine Weile, dann schenkt Martin ihm seine Laterne. Trotz der guten Tat muss Martin zu Hause über den Verlust seiner Laterne weinen.

In dem Buch „Das schönste Martinslicht" geht es um das Teilen im Sinne des heiligen Martin. Dabei setzt Autorin Ursula Wölfel die Heiligenlegende, die dem Brauch, am Martinstag mit der Laterne durch die Straßen zu laufen, zugrunde liegt, allerdings voraus. Der spätmittelalterliche Ritter und spätere heilige Martin hat – geleitet durch das Vorbild Jesu – mit einem Bettler auf der Straße seinen Mantel geteilt. Das Buch vermittelt also nicht die Legende und auch nicht wirklich, wie das Martinssingen funktioniert. Das wissen die Jungen und Mädchen meistens sowieso schon. Das Buch vermittelt den Wert, was christliches Tei-

Weitere Bilderbücher
zum Thema „Religion – Kirche – Ethik":

Emma Damon, **Gott, Allah, Buddha – Und woran glaubst du?**, s. S. 51

Jeanne Willis/Tony Ross, **Pschscht!**, s. S. 45

Emma Damon, **Frieden – Wie geht das?**
Sich vertragen ist gar nicht so einfach. Aber schon als ganz kleiner Mensch kann man lernen, wie man teilt, einander zuhört und miteinander spielt, statt zu streiten. So gewinnt man Freunde.
16 Seiten mit Spieleffekten und Poster
ISBN 13: 978-3-522-30062-9, ISBN 10: 3-522-30062-9

Erzähl mir was aus der Bibel: Bibelgeschichten

MATTHIAS KOEFFLER

Biblische Geschichten kindgerecht nachzuerzählen und in Bilderbücher umzusetzen ist eine Herausforderung. Da gibt es die unterschiedlichen Konfessionen, die die Geschichten jeweils anders deuten, da gibt es aber auch die unterschiedlichen Auffassungen, was eine biblische Geschichte ist. Hat Gott sie schreiben lassen oder haben Menschen Erfahrungen mit Gott aufgeschrieben? Gelten die Überlieferungen als unantastbar oder ist das interpretierende Weitererzählen seiner Inhalte, die uns auch heute noch etwas sagen wollen, geboten? Theologen haben sich darüber so lange gestritten, wie es die Bibel gibt. In diesem Spannungsfeld steht auch das Nacherzählen biblischer Geschichten im Bilderbuch. Sicher ist: Die Geschichten und Aussagen der Bibel, die vor einem anderen zeitlichen und kulturellen Hintergrund entstanden sind, müssen übersetzt werden, um heute verständlich zu sein. Das wird manche behutsame Modernisierung einschließen.

Paulus gibt es vor: Es geht nicht um den „Buchstaben", sondern um den „Geist", der einen Text trägt, so der Apostel. Und Martin Luther sagt, es komme darauf an, ob die biblische Geschichte „Christum treibet", also ob sie das, was Christus wollte, nämlich Glaube, Liebe, Hoffnung in das Zusammenleben zu tragen, voranbringe. So lässt sich zum Beispiel David und Goliat nicht als Gewaltgeschichte, sondern als eine Geschichte Gottes mit den Kleinen und Schwachen lesen.

Dies ist auch die Leitlinie, mit welcher der Gabriel Verlag die Umsetzung der biblischen Geschichten ins Bilderbuch verfolgt: Es geht darum, die Werte herauszustellen, die in den archaischen Geschichten der Bibel stecken. Sie sind bildhaftes Anschauungsmaterial, wie das Zusammenleben gestaltet werden kann. Werte und Normen sind in schönen oder traurigen Situationen entstanden. Sie zu erzählen weckt die Gefühle, die das tragende Gerüst für gelebte Normen und für ihre Verankerung sind. Und so wie die biblischen Geschichten viel Humor zeigen, dürfen ihn auch die Bilderbuchgeschichten haben.

Es ist gut, dass die Bibel den Wortlaut festlegt, so können wir für die Kinder die Geschichten neu und weitererzählend schreiben. Denn später haben sie immer noch Zeit, sich mit dem Original zu beschäftigen. Jenseits der konfessionellen Grenzen und des Verständnisses, was eine biblische Geschichte ist, brauchen wir die Freiheit der spielerischen Nacherzählung. Ohne Spiel keine Fantasie und ohne Fantasie keine neuen Entdeckungen in den alten Geschichten. Gerade ihre Vielseitigkeit hat sie zur Weltliteratur werden lassen – und sie gehören so zu einem grundlegenden Wissenskanon. Weil die Inhalte auch in der Sprache so fest verankert sind, trägt die Kenntnis der biblischen Geschichten wesentlich zur sprachlichen Entwicklung bei. Deswegen ist es gut, dass es Bilderbücher wie die folgenden dazu gibt.

Uwe Natus/Dagmar Geisler
Als die Welt Geburtstag hatte
32 Seiten

ISBN 13: 978-3-522-30041-4, ISBN 10: 3-522-30041-6

Die Diskussion um Urknall und Evolutionstheorie kontra Schöpfungsgeschichte in der Bibel ist vor allem in den USA voll entbrannt. Da kommt dieses Bilderbuch gerade recht, denn es wirkt allen Verkrampfungen entgegen. Auf fröhliche und unbeschwerte Art bindet es beide Theorien von der Entstehung der Welt zusammen. Denn die biblische Schöpfungsgeschichte ist ja nicht allein ein Erklärungsmodell, sie ist ein Glaubenstext und zuallererst ein Loblied auf die wunderbare Schöpfung. Und wunderbar ist das Ergebnis der Schöpfung in jedem Fall, ob sie so oder so zustande gekommen ist. Wer das Loblied darauf singen kann, den macht Gott frei und fröhlich.

Von daher passt es, dass Autor Uwe Natus den Text zum Buch in Reimen verfasst hat. Und folgerichtig beginnt die Schöpfungsgeschichte in seiner Version mit dem Urknall, um dann in gewohnter Weise fortzufahren: Am ersten Tag schafft Gott das Licht, am zweiten Tag trennt er Wasser und Land usw., bis er schließlich am siebten Tag den Ruhetag feiert und dabei zu bedenken gibt, dass es am Ende darauf ankommt, diese wunderbare Schöpfung zu schützen. Denn bei allem Streit um die echte Geschichte ist der Blick nach vorn der wesentlichere.

Illustratorin Dagmar Geisler nimmt die Unbeschwertheit des Textes in ihren Illustrationen auf. Eher schlichte, eindeutig identifizierbare Zeichnungen werden von flächigen Drucken durchbrochen.

Bei der Erschaffung des Menschen stehen die Tiere in einer Schlange hinter den Menschen, als ob sie eine evolutionäre Reihe bildeten, und unten auf dem Boden gehen die Affenspuren in Menschenspuren über. Ob die Kinder die Anspielungen verstehen oder ob sie erklärbar sind, hängt von den Vorlesenden ab. Aber auch die wollen ja gern etwas für das Auge.

Nur ein einziger Schönheitsfehler hat sich eingeschlichen: Die Namen der Schöpfung werden im biblischen Original nicht von Gott gegeben, sondern von den Menschen. Aber wer kein theologisches Gewicht daran hängt, der wird ihn verzeihlich finden.

Alles in allem ein Buch, das sich recht früh, bereits ab drei Jahren, einsetzen lässt und das mit seinen kurzen Texten kleinen Kindern frohgemut den Weg in die Schöpfung zeigt und sie nicht überfordert.

Susanne Conrad/Eva Montanari
Die Arche Noah
32 Seiten
ISBN 13: 978-3-522-30019-3, ISBN 10: 3-522-30019-X

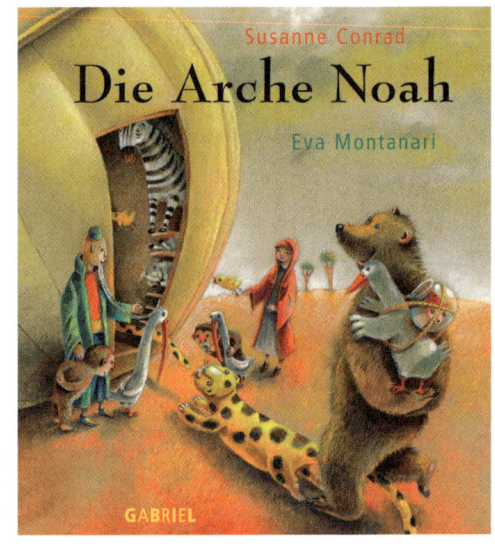

Die Geschichte über die große Sintflut kann viele Fragen aufwerfen, zum Beispiel bedrängende: Warum mussten so viele Menschen und Tiere sterben für den Zorn Gottes? Oder logische: Woher kann Noah sicher sein, dass die Sintflut kommen soll? Spinnt Noah nicht einfach, als er anfängt, seine Arche zu bauen?

Susanne Conrad und Eva Montanari gehen in ihrem Bilderbuch „Die Arche Noah" einen anderen Weg. Sie fragen: „Wie bleibe ich mit Gott im Einklang?" Noah wird zum Vorbild: Mit Gott und seinem Herzen in Einklang sieht er mutig einer heraufziehenden Gefahr ins Auge. Fröhlich und gelassen packt er die Aufgabe an, eine Arche zu bauen.

Gegen die Widerstände von außen hält er an dem Projekt „Arche" fest, dichtet sie richtig ab, um dann nicht nur die Tiere, sondern auch zahlreiche Pflanzen mit auf die Arche zu nehmen (hier leistet sich die Autorin eine eigene Ergänzung). Noah beruhigt die Ängstlichen auf der Arche, aber ist selbst auch traurig bei dem Gedanken, so viele hinter sich lassen zu müssen.

Vor allem die Illustrationen stellen eine Leichtigkeit her, die Mut macht: Dynamisch verzerrte Perspektiven, scheinbar fliegende Figuren und eher zarte Farben, wenn auch mit kräftigem Strich. Nichts ist leichter, als seine Probleme zu lösen, wie zum Beispiel eine Arche zu bauen: Man muss nur anpacken, scheinen die Bilder zu vermitteln. Noah ist einer, der Gott vertraut, und das Buch macht Lust, es ihm gleichzutun.

Wolfram Eicke/Peter Knorr
David und Goliat
32 Seiten
ISBN 13: 978-3-522-30040-7, ISBN 10: 3-522-30040-8

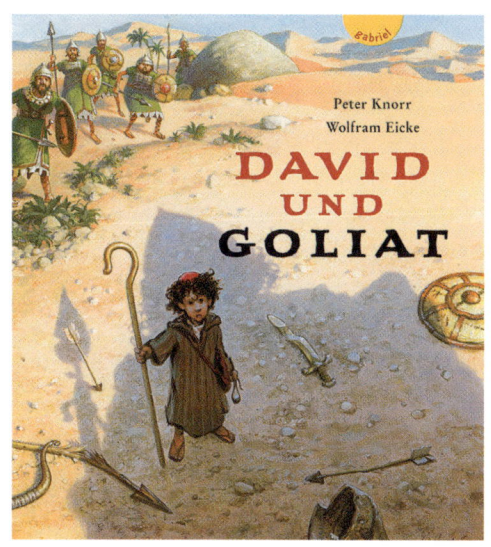

„Ich heiße David." So fängt die Geschichte von „David und Goliat" an, wie sie Autor Wolfram Eicke und Illustrator Peter Knorr erzählen. Sie beginnen damit textlich ein nicht ganz einfaches Unterfangen. Denn mit einer Ich-Erzählung aus der Sicht des Protagonisten wird beim Leser die Erwartung geweckt, viel über das Gefühlsleben des mutigen kleinen Jungen aus der Bibel zu erfahren. Die Befürchtung, das könne leicht in Gefühlsduselei enden, bewahrheitet sich in diesem Buch jedoch nicht, auch wenn die Gefühle von Angst, Mut und Zorn eine zentrale Rolle spielen: Nach der Geschichte von Eicke ist David zwar klein und hat Angst, aber er ist auch wütend über Ungerechtigkeiten. Indem David seine Gefühle an Gott delegiert, hindert ihn seine Angst nicht daran, mutig zu sein. Aber am Schluss weiß er auch, wem er seinen Sieg zu verdanken hat.

Die biblische Geschichte zeigt: Im Vertrauen auf Gott können Kleine gegen Große gewinnen. Eigentlich ist David zu jung, um auf das Schlachtfeld geschickt zu werden. Doch als er seinen Brüdern Essen bringen soll, trifft David auf den unbesiegbaren Riesen Goliat, der zum Zweikampf fordert und im Falle seines Sieges die Versklavung des Volkes, zu dem David gehört, ankündigt. Als Goliat auch noch Gott lästert, wird der Junge von heiligem Zorn gepackt. In seiner Wut fordert er eine Rüstung – die ist jedoch viel zu groß, was der Geschichte auch ein humoristisches Moment verleiht. Unbeirrt folgt David seinem Gerechtigkeitssinn und lässt sich im Weiteren auch von dem über ihn herrschenden König Saulus nicht davon abbringen, gegen Goliat anzutreten. Kongenial sind die Zeichnungen zu dem Text. Knorr ist es gelungen, die Ich-Geschichte so umzusetzen, dass der Leser David zwar von außen sieht, aber immer den Eindruck hat, er stecke in seiner Haut. Ungewöhnliche Perspektiven machen das Betrachten zum zusätzlichen Erlebnis. Das beginnt auf der Titelseite, auf der aus der Perspektive Goliats der Schatten auf den kleinen, aber wütenden David fällt, und sie setzen sich fort auf den Innenseiten, als David völlig auf sich allein gestellt, im Schatten der Gestalt des großen Goliat, seine Schleuder losflutschen lässt und der Zeichner diese Bewegung voller Wut und Anstrengung einzufrieren versteht. Im nächsten Bild fällt Goliat der Länge nach mit seiner ganzen Rüstung so hin, dass der Betrachter es förmlich scheppern hört. Das hat fast etwas Comichaftes, holt aber die Kinder auf zeichnerisch hohem Niveau ab. Das Buch zeigt: Gefühle sind so, wie sie sind.

Sie werden nicht monologisiert, sondern gelebt und in Handlungen umgesetzt. Ein ideales und anschauliches Buch, das über die biblische Geschichte hinaus eine kraftvolle Mutmachgeschichte für alle Kinder ist, für die Klein-Sein „Gott sei Dank" nicht gleich Ohnmächtig-Sein heißen muss.

Wolfram Eicke/Silvio Neuendorf
Gute Reise, kleiner Mose
32 Seiten
ISBN 13: 978-3-522-30031-5, ISBN 10: 3-522-30031-9

Das Buch beginnt verschlüsselt wie eine Abenteuergeschichte: „Eine Frau geht heimlich durch das Schilf." In einem Weidenkörbchen will die Mutter von Mose heimlich den kleinen Jungen im Wasser aussetzen. Doch da kommt Moses Schwester Mirjam hinzu, und wie Kinder so sind, bringt sie die entscheidenden Einwände vor: „Warum ist der Pharao so grausam?" und: „Du kannst doch meinen Bruder nicht einfach ins Wasser werfen!" Und dann nimmt die kleine Schwester die Geschicke selbst in die Hand und folgt dem schwimmenden Kasten, bis dieser vor der Tochter des Pharao im Schilf hängen bleibt. Ihr bietet Mirjam schließlich an, dass ihre Mutter das an Land getriebene Kind versorgen könne.

„Gute Reise, kleiner Mose" lautet der sprachlich schöne Titel, unter dem Wolfram Eicke mit einem großen Spannungsbogen, klarer Verteilung der Rollen und überschaubarer Personenzahl einen spannend zu lesenden Text verfasst hat. Versehen mit den schlichten und eher konventionellen Zeichnungen von Silvio Neuendorf, greift das Buch weniger interpretatorisch in die Geschichte ein, sondern bietet vielmehr eine spannende Nacherzählung.

Die Perspektive, aus der die Geschichte erzählt wird, ist zunächst die der Mutter. Eltern tun im Normalfall alles für ihre Kinder. Wer in aussichtsloser Lage steckt und aus Liebe eine Lösung sucht, greift zu ungewöhnlichen Mitteln. Auch wenn diese gefährlich sind: Vertrauen in Gott haben und etwas tun, auch wenn die Lage aussichtslos erscheint, ist besser, als nichts zu tun. Und so kann die Mutter Vertrauen in Gott haben, dass sich alles zum Guten wendet.

Dann geht die Geschichte in die Perspektive der Tochter über, und Mirjam hilft schließlich zu einem guten Ende.

Auch Kinder können im entscheidenden Moment das Geschick übernehmen, ohne einsame Helden sein zu müssen.

So wie die Eltern ihre Kinder lieben, so liebt auch Gott die Kinder und will sie durch ihre Eltern lieben, das ist die Botschaft. Insofern ist das Buch eine spannende Geschichte rund um einen einfachen, aber umso wichtigeren Kern.

Erwin Grosche/Karsten Teich
Jona und der Wal
32 Seiten
ISBN 13: 978-3-522-30021-6, ISBN 10: 3-522-30021-1

„Das hat mir gerade noch gefehlt." Mit diesem Satz beginnt nicht nur das Buch „Jona und der Wal" von Erwin Grosche und Karsten Teich. Der Satz wird auch zum Running Gag, der sich durch das ganze Buch zieht, mit dem der Autor wunderbar zu spielen versteht und der das Buch zu einem Lesespaß werden lässt.

Vordergründig tritt Jona auf als ein Mensch wie du und ich. Für ihn ist das doch alles nicht zumutbar: Gott will, dass er Niniveh den Untergang ansagen soll! Unmöglich! Jona flüchtet vor der Aufgabe auf ein Schiff. Daraufhin schickt Gott einen Sturm, doch möchte Jona nicht dafür verantwortlich sein, dass das Schiff mitsamt seiner Mannschaft untergeht. Über Bord geworfen, wird Jona vom Wal geschluckt und an Land gespuckt. Schließlich, als Jona unter einem Baum liegt, sagt Gott lachend zu ihm: „Du hast mir gerade noch gefehlt." Und lässt den Baum verdorren. Jona lernt, selbst Verantwortung zu übernehmen. Er pflanzt einen neuen Baum und wird sich von nun an um dessen Pflege kümmern.

Auf leichte und witzige Weise wird Kindern in diesem Bilderbuch vieles en passant vermittelt. Ein vom Leben Getriebener wird zum Aktiven und damit erwachsener. Der Mann, der zwar stets mit Gott redet, aber mit ihm hadert und alles als eine Zumutung empfindet, wächst in diesen Gesprächen und gewinnt Erkenntnisse. Autor Grosche nimmt die Kinder mit in eine Bewegung hinein: Von einem Jona, der vor seinen Problemen wegläuft und keine Verantwortung übernehmen will, hin zu einem, der sein Leben in die Hand nimmt.

Die Illustrationen in klaren, hellen und freundlichen Farben unterstützen die Geschichte hervorragend. Der schmal gezeichnete Jona mit dem rosa eierförmigen Kopf hat viel Dynamik. Die Illustrationen nehmen den Witz der Geschichte auf, wenn etwa auf einer der letzten Zeichnungen eine Wolke so aussieht wie ein Wal. Auch wenn sich Grosche sehr vom Original löst, greift das Buch sicher Themen im christlichen Sinne auf und führt sie im Sinne notwendiger Wertevermittlung fort.

Denn die Geschichte macht vor allem Spaß, holt auch die eher mal zu Lustlosigkeit neigenden Jungen ab und zeigt am Ende, dass es Gottes Liebe ist, die immer wieder einen Neuanfang möglich macht.

Marie-Hélène Delval/Jean-Claude Götting
Meine erste Bibel
96 Seiten
ISBN 13: 978-3-522-30043-8, ISBN 10: 3-522-30043-2

„Meine erste Bibel" spannt den Bogen der biblischen Geschichten vom Licht am ersten Tag der Schöpfung bis zu dem neuen Licht, das mit Jesu Auferstehung in die Welt kommt. Letzteres entspricht dem Satz Jesu „Ich bin das Licht der Welt". Dazwischen toben die biblischen Berichte mit Themen, die wie aus dem Leben genommen zu sein scheinen und mit dem auch die Kinder ihre täglichen Erfahrungen machen. Die Richtung dabei ist klar: Alles wendet sich vom Traurigen zum Lösenden.

Nach der Entstehung der guten Schöpfung fallen die Menschen von Gott ab, weil sie sie nicht zu würdigen wissen. Mit Noah und der Arche überwindet Gott seinen berechtigten Zorn, und im Regenbogen ist schließlich das Zeichen der neuen Liebe Gottes zu sehen. An Abraham lesen die Kinder ab, dass die menschlichen Regungen zu Gottes Welt gehören, wie zum Beispiel die Sehnsucht nach einem Kind und das Lachen als Ausdruck der Freude über das Geschenk eines Kindes. David verdeutlicht, dass Gott denen hilft, die klein sind und die sich unterlegen fühlen. Salomo zeigt, worauf es ankommt im Leben, nämlich darauf, klug zu sein und seine Aufgabe erfüllen zu wollen. An

Jona wird deutlich: Auch wer sich von Gott abkehrt, wird gerettet in der Not, und selbst das böse Ninive kann auf Rettung hoffen, wenn es sich besinnt. Daniel in der Löwengrube macht deutlich: Wer zu Gott steht, zu dem steht Gott. Jesaja kündigt schließlich an, dass ein König kommt, der Licht in die Finsternis und Freude in die Traurigkeit bringt. Dieser König ist Jesus, in dem Gott als jemand sichtbar wird, der mit den Menschen ist; aber auch Jesus ist vor dem Hass der Menschen nicht verschont. Jesus wird gekreuzigt, doch das Licht kehrt mit der Auferstehung in die Herzen der Menschen zurück.

Mit den kurzen und einprägsamen Texten wird „Meine erste Bibel" ihrem Titel gerecht und ist bei Kindern ab drei Jahren und früher einsetzbar. Wer sie vorliest, darf sich nicht daran stören, dass in der Komprimiertheit des Textes auf so manche Einzelheit verzichtet wurde oder Episoden fehlen, zum Beispiel die Sündenfallgeschichte oder leider auch die Begegnung Jesu mit den Kindern. Die Geschichten aus dem Alten Testament bereiten die Jesusge-schichten vor und umfassen zwei Drittel des Buches.

Diese Kinderbibel funktioniert, weil sie ein eigenständiges, klares und schlüssiges Konzept hat. Sie vermittelt durchaus die theologische Tiefe der Botschaft von Gottes Liebe, aber auch die moralischen Grundkategorien des Zusammenlebens. Es muss ausprobiert werden, ob kleine Kinder so viele Geschichten nacheinander verarbeiten und zu einem Gesamtkonzept verbinden können. Wer sie vorliest, kann dazu bestimmt noch viel erzählen und mit dem Kind zum Beispiel darüber sprechen, was eine Bibel ist, wer darin vorkommt und dass das alle Geschichten verbindende Element Gott ist, der für die Menschen da sein will. „Meine erste Bibel" erzählt die Geschichte Gottes mit den Menschen und der Menschen mit Gott, in der der gute Gott und das Licht das erste und das letzte Wort haben.

Alle Bibelgeschichten
(inkl. „Daniel in der Löwengrube")
gibt es auch im Sammelband:
Das große Bilderbuch der Bibelgeschichten
160 Seiten
ISBN 13: 978-3-522-30096-4, ISBN 10: 3-522-30096-3

Weitere Bilderbücher
zum Thema „Bibelgeschichten":

Christof Stählin/Anja Reichel
Das kleine Schaf und der gute Hirte, s. S. 68

Jude Daly
Alles hat seine Zeit, s. S. 92

Lass mich lernen, mach mich schlau!: Beschäftigung – Lernen

ELKE MUFFLER

Erfolgreich lernen heißt, früh anzufangen und nicht mehr aufzuhören. Ergebnisse aus der Hirnforschung haben gezeigt, dass Fundamente für das Lernverhalten schon in den ersten fünf Jahren gelegt werden. Und: Je mehr ein Kind weiß, desto leichter eignet es sich Neues an. Lernen ist dabei abhängig von dem, was ein Kind erlebt. Durch Erfahrungen lernen ist somit kindgerechtes Lernen. Der Lernvorgang selbst ist oft nicht sichtbar; dass etwas gelernt wurde, wird jedoch an dem veränderten Verhalten erkennbar.

Die Verschachtelungen der einzelnen Nervenzellen sind im Gehirn eines Kindes noch im Entwicklungsstadium, daher kann man im Kindesalter im Verhältnis zu seinem übrigen Leben am meisten lernen. Durch viele Erfahrungen, die ein Kind sammelt, werden Nervenverbindungen angelegt. Lernen muss jedes Kind selbst. Von außen können jedoch Impulse gesetzt werden.

Mit Bilderbüchern können Grundlagen der Lese-, Erzähl- und Schriftkultur vermittelt werden, schon bevor die Kinder „formal" Lesen und Schreiben lernen. Dadurch erweitern Kinder ihre Sprachkompetenzen und ihr Wissen – beides wichtige Grundlagen für den Schulerfolg. Die Gedächtniskapazität erweitert sich im Vorschulalter beträchtlich. Kinder entwickeln Gedächtnisstrategien, wodurch sich ihr Wissen nochmals vergrößert.

Kinder im Vorschulalter lernen im wahrsten Sinne des Wortes mit dem ganzen Körper. Sie erschließen sich die Welt nicht über den Kopf, sondern über sinnliches Erleben, Ausprobieren und emotionale Kontakte mit anderen Menschen. Eine Möglichkeit, Lernprozesse anzuregen und weiterzuentwickeln, ist das gemeinsame Betrachten eines Bilderbuches.

Entscheidend für den Lernprozess eines Kindes ist, dass es seine eigenen Erfahrungen und die Inhalte des Buches in einen Zusammenhang bringen kann. Beim Betrachten eines Bilderbuches ist es deshalb wichtig, mit den Kindern über den Inhalt zu sprechen.

Ebenso sind regelmäßige Wiederholungen und Vertiefungen unverzichtbar, um einen größtmöglichen Lernerfolg zu erzielen. So kann das Kind das Gehörte mit eigenen Erfahrungen verknüpfen und bestimmte Dinge auf andere Situationen und Sachverhalte übertragen.

Vieles von dem, was ein Kind lernt, erfährt es unbewusst. Die Qualität des auf diese Weise Gelernten ist nicht geringer als die des zielgerichtet Erlernten. Es wird nur eher bruchstückhaft gelernt. Zur Abspeicherung von Wissen im Langzeitgedächtnis ist es für die Gedächtniskompetenz des Kindes im Vorschulalter sehr förderlich, wenn es routinemäßig wiederkehrende Ereignisse erlebt oder erfährt.

Ein Bilderbuch nur einmal mit einem Kind anzuschauen ist der Lernentwicklung deshalb nicht förderlich. Hingegen bieten sich Geschichten an, welche nach einem ähnlichen Handlungsmuster verlaufen. So kann sich das Wissen im Gehirn des Kindes besser festsetzen.

Stefanie Scharnberg
Such mich doch!
24 Seiten
ISBN 13: 978-3-522-43447-8, ISBN 10: 3-522-43447-1

„Such mich doch!", fordert Lena die kleinen Leser in diesem bunten Wimmelbilderbuch auf. In vielen Alltagssituationen gilt es, Lena mit ihrem Plüschhasen zu finden. Und am Ende? Da zeigt Lena Fotos ihrer Freunde, und nun geht die Suche von vorne los!

Das Bilderbuch bietet viel zu suchen, aber auch zu entdecken. Die Konzentrationsfähigkeit sowie auch das Kurzzeitgedächtnis werden dadurch gefördert. Beim Umblättern erkennt das Kind Lena in Lebenssituationen wieder, die ihm vertraut sind: Kindergarten, Zoo bis hin zum Schwimmbadbesuch finden sich auf den Bildern wieder. Für Kinder bietet dies idealen Gesprächsstoff. Um Lern- und Gedächtnisaufgaben lösen zu können, werden Gedächtnisstrategien benötigt. Eine Strategie, die sich im Alter von 5-7 Jahren besonders herausbildet, ist das „Wiederfinden von Objekten". Bei der Suche nach Lena verfahren die Kinder zu Beginn noch sehr unstrukturiert. Dann aber entwickeln sie eine systematische Suchstrategie und setzen diese bewusst ein. Schritt für Schritt können sie diese Strategie auf ein immer größeres Spektrum von passenden Situa-

tionen anwenden. Damit Kinder weiterhin Gedächtnisstrategien anwenden, brauchen sie in erster Linie Erfahrungen und Erfolgserlebnisse. Aus pädagogischer Sicht bedeutet dies, den Kindern eventuell zunächst beim Suchen Hilfestellung zu leisten. Denn Strategien werden in der Regel nur dann noch weiterverwendet, wenn die Kinder darin einen Nutzen sehen.

Der relativ geringe Textanteil im Buch, lediglich auf der ersten und letzten Seite, ermöglicht den Kindern, sobald ihnen das Buch bekannt ist, dieses alleine anzuschauen. Einzelne Handlungen auf den Bildern bieten sehr viel Erzähl- und Gesprächsstoff. So halten sich die Kinder im Buch zum Beispiel nicht alle an die Spielregeln im Leben: Da schaukelt auch schon einmal ein Kind an der Lampe im Kindergarten. Daher regen die Bilder zum Gespräch mit den Kindern an. Inwieweit dabei auch besprochen wird, welche Konsequenzen aus Fehlverhalten hervorgehen können, bleibt dem Vorleser selbst überlassen.

Juliet & Charles Snape

Wer findet den Weg? 12 verrückte Labyrinthe

32 Seiten

ISBN 13: 978-3-522-43212-2, ISBN 10: 3-522-43212-6

Im Zickzack zum Ziel. 9 Umklapp-Labyrinthe

44 Seiten

ISBN 13: 978-3-522-43222-1, ISBN 10: 3-522-43222-3

Geister, Monster und Gespenster

9 Umklapp-Labyrinthe

40 Seiten

ISBN 13: 978-3-522-43286-3, ISBN 10: 3-522-43286-X

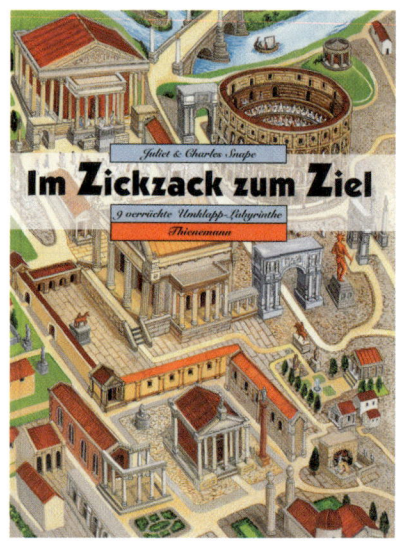

Egal ob auf der Suche nach Graf Dracula oder nach den Tempeln der alten Mayas … der Weg dorthin kann auch Umwege mit sich bringen. Diese Bilderbücher präsentieren auf jeder Doppelseite immer wieder neue, großformatige Labyrinthe, durch die es Wege zu finden gilt. Welchen Pfad man gehen muss, erfährt man aus dem Text.

Immer wieder gerät man auf Irrwege, denn es gibt nur einen richtigen Weg! Diesen zu suchen, ist die Aufgabe der Leser. Zur Not kön-nen aber auch die Lösungen im hinteren Teil des Bilderbuches genutzt werden …

Dass ein Kind etwas selbst herausbekommen kann, steigert seine Freude am Lernen. Kinder sollen von sich aus Lösungsprinzipien entwickeln.

Das Bilderbuch regt an, spontan weiterzuspüren und weitere Alltagsfragen zu enträtseln. Nur durch das Selbersuchen und -entdecken haben die Kinder am Schluss richtige Erfolgserlebnisse. Und werden im Anschluss andere Probleme suchen, um auch an ihnen ihre Lösungen auszuprobieren. Dadurch lernen sie, nicht zu schnell aufzugeben und nicht vor schwierigeren Problemen zurückzuschrecken. Durch die Labyrinthe lernen die Kinder außerdem, Probleme strukturiert anzugehen. Sie fangen an, Orte, Handlungen und Situationen zu vernetzen. Dadurch entstehen Beziehungswege, die sie zu gliedern beginnen. Das egozentrische Denken nimmt ab etwa dem sechsten Lebensjahr immer mehr ab, und die Kinder richten ihr Denken nach außen. Sie entwickeln

Angela Lenz
„Die Reisemaus"–Reihe
alle 32 Seiten

**Die Reisemaus
in Italien**
ISBN 13: 978-3-522-43395-2
ISBN 10: 3-522-43395-5

**Die Reisemaus
in Spanien**
ISBN 13: 978-3-522-43394-5
ISBN 10: 3-522-43394-7

**Die Reisemaus
in Dänemark**
ISBN 13: 978-3-522-43396-9
ISBN 10: 3-522-43396-3

**Die Reisemaus
in Großbritannien**
ISBN 13: 978-3-522-43397-6
ISBN 10: 3-522-43397-1

**Die Reisemaus
in Griechenland**
ISBN 13: 978-3-522-43427-0
ISBN 10: 3-522-43427-7

langsam ein räumliches Verständnis. Um dies zu fördern, sind die Labyrinthe-Bilderbücher für Kinder ab etwa 5-6 Jahren einsetzbar. Die Erwachsenen sollten jedoch darauf achten, dass sie die Herausforderungen der Labyrinthe an die jeweilige individuelle Entwicklung des Kindes anpassen. Bei der Suche nach den Wegen sollte anfangs eventuell noch Hilfestellung gegeben und der Lösungsweg erklärt werden.

Wichtig ist, dass die Kinder Erfolgserlebnisse beim Suchen der Wege bekommen. Nur dann verlieren sie die Lust am Weitersuchen nicht. Aber auch, wenn es manchmal nicht so recht klappt, kann daraus auf natürliche Weise ein neues Problem entstehen, woraufhin nach einer neuen Lösung gesucht werden muss.

**Die Reisemaus
in der Türkei**

ISBN 13: 978-3-522-43428-7

ISBN 10: 3-522-43428-5

Die sechsbändige Kinder-Reiseführer-Reihe mit der „Reisemaus" führt Kinder in unterschiedlichste Länder. Zu Beginn trifft die Reisemaus immer „Landsleute". Egal ob in Dänemark, Italien, Großbritannien, Spanien, Griechenland oder in der Türkei. Sofort packt sie ihre Sachen und erkundet mit den Landsleuten das „landestypische" Kulturangebot, das Essen und die Landessprache. Zu Hause angekommen, wird den Freunden von der Reise berichtet, und sie „träumt schon von den nächsten Abenteuern". Im hinteren Teil des Buches können Vokabeln in der jeweiligen Landessprache zu unterschiedlichen Kategorien, wie zum Beispiel Zahlen, Essen und Trinken, nachgeschlagen und gelernt werden.

Die Reisemaus wechselt in jedem Buch zwar das Land, aber der Anfang und das Ende verlaufen nach dem gleichen Schema. Für Kinder ab etwa vier Jahren ist es wichtig, dass Objekte wiedererkannt werden. Sie können ihr Wissen besser mithilfe von Geschichten reproduzieren, welche einen charakteristischen Ablauf haben. Durch die vertraute Figur der Reisemaus, die sie schon durch andere Bücher kennen, gelingt es Kindern leichter, Brückenschläge zu den anderen Bilderbüchern der Reihe herzustellen. Einige neue Verknüpfungen werden angelegt. Auf diese Weise vermehrt sich Wissen sozusagen von selbst.

Wenn den Kindern durch das Vorlesen eine Geschichte schon bekannt ist, kommt Ihnen dieser Wiedererkennungseffekt zugute. So kann zum Beispiel auf Unterschiede der einzelnen Länder hingewiesen werden. Den Kindern sollten dabei Dialog und Austausch über die Handlungen in den Geschichten ermöglicht werden. Verbindungen zu anderen Erlebnissen der Reisemaus sowie eigene Reiseerfahrungen erweitern den Erfahrungshorizont des Kindes. Auch für eine eigene Reise ins Ausland ist die Buchreihe „Die Reisemaus" durch seine Taschengröße ideal für jede Reisetasche.

Stefan Lemke

Thienemanns Riesen-Weltatlas für Kinder

Pappe, Format A2, 14 Seiten

ISBN 13: 978-3-522-42640-4, ISBN 10: 3-522-42640-1

Was für Tiere leben in Afrika? Ist Neuseeland kleiner als Australien? Antworten über die Welt finden Kinder in „Thienemanns Riesenweltatlas für Kinder". Ein überdimensional großes Buch aus fester Pappe mit Bildern über die Länder, Tiere, Landschaften und ihre Bewohner. Viele Hintergrundinformationen, welche nicht in Bildern dargestellt werden können, sind seitlich in einem Text beschrieben. Ein Buch, das durch seine Größe für mehrere Betrachter geeignet ist. Im Kreis können sich einige Kinder um das Buch herumsetzen und entdecken die Welt in einem Bilderbuch.

Im Kindergartenalter denken Kinder noch egozentrisch. Sie können die Welt nur aus ihrem eigenen Blickwinkel sehen und sind noch nicht in der Lage, sich in andere Wahrnehmungspositionen hineinzuversetzen. Damit Kinder sich

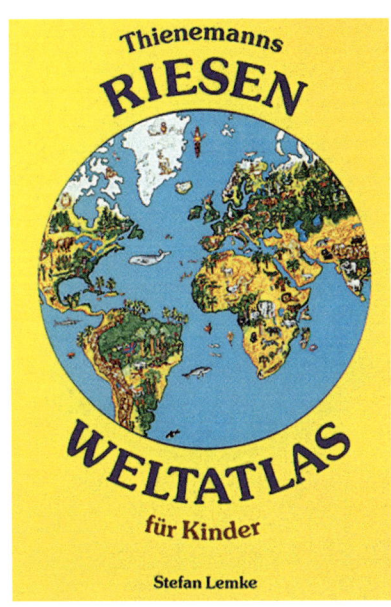

nen" zu fördern, ist es wichtig, ihnen beim Betrachten des Bilderbuches die Welt zu erklären. Fragestellungen, wie zum Beispiel „Aus welchen Ländern besteht Europa?", können auf diese Weise von Kindern im Grundschulalter schon selbst gelöst werden. Auf die Frage „Welche Tiere leben in Afrika?" kann ein Kindergartenkind auch schon Antwort geben.

Sigrid Heuck
„Pony and Bear"-Reihe (englisch)
alle 32 Seiten

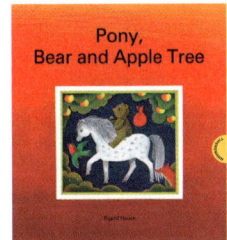

Pony, Bear
and Apple Tree

ISBN 13: 978-3-522-43463-8, ISBN 10: 3-522-43463-3

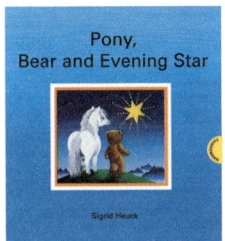

Pony, Bear
and Evening Star

ISBN 13: 978-3-522-43474-4, ISBN 10: 3-522-43474-9

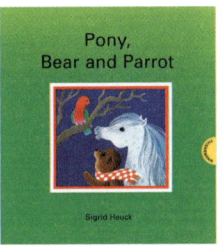

Pony, Bear
and Parrot

ISBN 13: 978-3-522-43475-1, ISBN 10: 3-522-43475-7

aus ihren bislang bewährten Vorstellungen über die Welt herausbewegen können, ist es sinnvoll, dass sie sich mit objektiven und leicht nachvollziehbaren Beschreibungen anderer Kulturen auseinander setzen. Auch für Kinder im Grundschulalter stellen Bilddarstellungen noch eine hilfreiche und notwendige Bedingung für ein kindgerechtes Lernen dar. So können sie Zusammenhänge und Erklärungen der Welt selbst entdecken. Für Kinder ist es nicht nur wichtig, einen umfangreichen Wortschatz zu entwickeln, sondern auch die Wörter in einen Zusammenhang zu bringen. Ein Kind lernt klassifizieren und entdeckt, dass Begriffe eingeteilt werden. So werden zum Beispiel Kenntnisse über die Welt, die aus Kontinenten besteht, den einzelnen Ländern zugeordnet. Auf diese Weise können die Kinder Parallelitäten auf andere Bereiche übertragen.

Zur Lernentwicklung der Kinder tragen Begriffspyramiden bei. Um diese bei den „Klei-

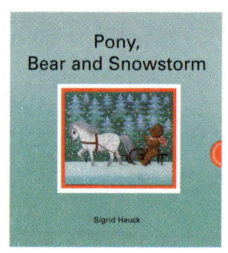

Pony, Bear and Snowstorm

ISBN 13: 978-3-522-43484-3, ISBN 10: 3-522-43484-6

Englisch lernen mit Pony und Bär. Die Geschichten von Pony und Bär gehören zu den bekanntesten von Sigrid Heuck und liegen inzwischen auch in englischer Sprache vor. Pony und Bär sind die besten Freunde. Sie erkunden von ihrem Stall neben dem Apfelbaum aus die Welt und erleben gemeinsam Abenteuer.

Die „Pony and Bear"-Reihe ist ideal für Grundschüler, die gerade mit dem Englischlernen beginnen. Die Struktur der Geschichten ist in allen vier Bilderbüchern ähnlich. Pony und Bär machen im Laufe der Geschichten keine persönliche Entwicklung durch, sondern behalten ihren Charakter. Die Inhalte der Bilderbücher knüpfen am Alltagswissen der Kinder an, wodurch es für die Kinder leichter wird, die Geschichten zu lesen. Gleichzeitig erweitert sich der englische Wortschatz mit jedem Bilderbuch.

Das wesentliche Prinzip ist aus den deutschen Bänden bekannt: Die wichtigsten Substantive werden durch Bildsymbole ersetzt. Zusätzlich sind die Bildsymbole mit der entsprechenden englischen „Übersetzung" auf der ersten und letzten Seite zu finden, wodurch das Kind immer wieder die Möglichkeit hat, einzelne Wörter „nachzuschlagen". Dies unterstützt die Tatsache, dass kindgerechtes und ganzheitliches Lernen besonders durch die Verwendung von Bildern gefördert wird. Ebenso wird die Leseverständlichkeit durch die Darstellung der Objekte in Bildern erleichtert.

Um den Kindern Lernerfolge zu ermöglichen, ist es sinnvoll, die Geschichten zu Beginn mit einem englisch sprechenden Erwachsenen anzuschauen. Nicht bekannte Vokabeln können so erklärt und dem Kind die englische Aussprache vermittelt werden. Auf den Bildern in der Geschichte können bestimmte Handlungen aufgegriffen werden, welche im Text beschrieben sind. Aus diesem Grunde muss dem Kind nicht jedes Wort übersetzt werden. Durch die Bilder kann es vieles aus dem Inhalt erschließen und so ein übergreifendes Textverständnis üben.

Informationen zu den deutschen „Pony und Bär"-Büchern finden Sie auf Seite 123.

Weitere Bilderbücher
zum Thema „Beschäftigung – Lernen":

Lene März/Barbara Scholz
Es fährt ein Boot nach Schangrila, s. S. 112
Bianka Minte-König/Hans-Günther Döring
Komm mit-Natur-Reihe, s. S. 38
Bianka Minte-König/Constanze Schargan
Erlebniswelt Zoo, s. S. 37

Bianka Minte-König, Hans-Günther Döring
Komm mit, wir bauen ein Haus
Lucas und Julia dürfen miterleben, wie ihr neues Haus gebaut wird. Alle Arbeitsschritte und Werkzeuge werden in diesem Buch genau vorgestellt.
32 Seiten
ISBN 13: 978-3-522-43497-3, ISBN 10: 3-522-43497-8

„Ein Krokodil!", ruft Oma Olga.
„Oh, wie süß. Ich nenn dich Holger!": Gereimte Bilderbücher

KATJA HEGNER

Nachdem kleine Kinder ihre Muttersprache zunächst unbewusst durch Nachahmung und beiläufige Verbesserungen durch die Eltern erlernen, findet mit ungefähr fünf Jahren ein wichtiger Entwicklungsschritt statt: Den Kindern wird bewusst, dass Sprache nach bestimmten Regeln funktioniert. Sie wissen nun, wie Wörter und Sätze korrekt gebildet werden, kennen aber auch zahlreiche Ausnahmen von den grammatischen Regeln, beispielsweise unregelmäßige Vergangenheits- oder Mehrzahlformen. Fehlerhafte Aussprache oder falsche Wortformen fallen ihnen nun immer häufiger auf. Kinder beginnen im Vorschulalter, Sprache selbstständig zu analysieren, und sind auch Schöpfer von Sprache: Sie erfinden eigene Kunstwörter, sprechen bewusst wieder in Babysprache oder haben Spaß daran, mit Spielkameraden längere unverständliche Dialoge zu führen, die sie dann zum Beispiel als „englisch sprechen" bezeichnen.

Kinder entwickeln in dieser Phase auch ein immer größeres Wissen über den Klang von Wörtern, Silben und Reimen – die so genannte phonologische Bewusstheit. Wissenschaftliche Untersuchungen haben gezeigt, dass dieses kindliche Nachdenken über Sprache und ganz besonders die phonologische Bewusstheit sehr wichtige Voraussetzungen für den Schulerfolg darstellen. Je besser die Fähigkeiten eines Vorschulkindes in diesem Bereich sind, desto leichter fällt ihm das Lesen- und Schreibenlernen, denn wenn es gehörte Wörter in ihre einzelnen Laute zerlegen kann, gelingt es ihm leichter, diesen Lauten die entsprechenden richtigen Buchstaben zuzuordnen.

Diese Fähigkeit, den Klang gesprochener Sprache zu analysieren, lässt sich durch den Umgang mit gereimten Kinderbüchern sehr gut fördern. Durch die Beschäftigung mit Reimen wird dem Kind bewusst, dass das Hören auch sehr kleiner Unterschiede wichtig ist, denn obwohl zwei Wörter ähnlich klingen, bezeichnen und bedeuten sie doch völlig Verschiedenes. Gerade diese Fähigkeit ist die Voraussetzung für einen guten Start im Schreib- und Lese-Unterricht. Das Achten auf gehörte Unterschiede kann zudem auch zu Verbesserungen in der Aussprache des Kindes führen. Weiterhin fördern Reime durch ihre Struktur das rhythmische und musikalische Gespür des Kindes. Sie trainieren zudem die Aufmerksamkeitsleistung und das Gedächtnis des Kindes, da die Satzstruktur sich stark von der Alltagssprache und auch von üblichen Bilderbuchtexten unterscheidet und deswegen höhere Anforderungen an das Kind stellt. Der Umgang mit gereimten Texten animiert das Kind dazu, selber aktiv und kreativ mit der Sprache umzugehen, zum Beispiel eigene Kunstworte und Reimpaare zu finden. Gereimte Bilderbücher stellen also eine Quelle von vielfältigen Möglichkeiten dar, Kinder auf das Lesen- und Schreibenlernen vorzubereiten und ihnen Spaß am kreativen Umgang mit Sprache zu vermitteln.

Lene März/Barbara Scholz
Es fährt ein Boot nach Schangrila
32 Seiten
ISBN 13: 978-3-522-43525-3, ISBN 10: 3-522-43525-7

Dieses Zähl- und Reimbuch ist für Kinder zwischen drei und sechs Jahren zu empfehlen. Sein Inhalt ist schnell erzählt: Ein Passagierdampfer fährt durch eine tropische Flusslandschaft und nimmt an zehn Anlegestellen (gezählt von eins bis zehn) unterschiedlich viele Mitglieder von zahlreichen Tierarten auf (rückwärts gezählt von zehn bis eins).

Da Mengen und Zahlen sowohl in den Reimen als auch in den Bildern im Vordergrund stehen, werden die Kinder wie von selbst zum Zählen angeregt. Die detailreichen Bilder trainieren die visuelle Aufmerksamkeit der Kinder, denn um die richtige Anzahl der Tiere zu ermitteln, muss man sehr genau hinschauen. Die einzelnen Tierarten sind nämlich nicht in einer Reihe, einer Gruppe oder ähnlichen Mustern abgebildet, sondern oft nur in Ausschnitten sichtbar, da sie durch andere Tiere oder Gegenstände verdeckt werden.

Auch die Zeichnung der Tiere aus unterschiedlichen Perspektiven, in verschiedenen Größen oder in Verkleidungen trainiert die Konzentration und Ausdauer.

Für vier- bis fünfjährige Kinder kann das Buch gut dazu genützt werden, einzuüben, dass jedes Objekt einer Menge genau einmal gezählt werden muss, dass es also wichtig ist, keines doppelt zu zählen und keines zu vergessen. Da in diesem Buch immer wieder die Zahlensymbole von 1 bis 10 auftauchen, lernen die Kinder nebenbei die Schriftzeichen für die Zahlen. Dieses Buch ist hervorragend dazu geeignet, bei Kindern Interesse für die Bedeutung von Zahlen zu wecken und ihr bereits vorhandenes Mengenverständnis zu vertiefen, was für den späteren Schulerfolg entscheidend ist. Je größer nämlich das Zahlenwissen von Vorschulkindern und ihr Verständnis für mathematische Beziehungen sind, desto leichter fällt ihnen der Übergang in den Rechenunterricht der Grundschule.

Wie alle Reimbücher eignet sich dieses Buch auch zum Gedächtnistraining. Nachdem ein Erwachsener das Buch dem Kind mehrmals vorgelesen hat, kann beim nächsten Vorlesen das jeweils letzte Wort eines Reimpaares weggelassen werden mit der Aufforderung an das Kind, es zu ergänzen. Nach und nach sind stufenweise Steigerungen im Schwierigkeitsgrad möglich.

In dem liebevoll gezeichneten Buch wimmelt es zudem von zahlreichen witzigen Details, die zum Gespräch zwischen Vorleser und Zuhörer anregen.

Salah Naoura/Miryam Specht
Olga und Holger
32 Seiten
ISBN 13: 978-3-522-43468-3, ISBN 10: 3-522-43468-4
Olga und Holger in Afrika
32 Seiten
ISBN 13: 978-3-522-43498-0, ISBN 10: 3-522-43498-6

Im ersten Band der „Olga und Holger"-Reihe wird in einfachen Reimen erzählt, wie das Krokodil Holger noch im Ei zu Oma Olga kommt, aus dem Ei schlüpft und dank ihrer Pflege und Fürsorge immer größer wird. Leider ist der Gartenteich bald zu klein für ihn, sodass beide ins Schwimmbad gehen, wo Holger natürlich für große Aufregung sorgt und sogar einen Schwimmwettbewerb gewinnt. Im zweiten Band will Holger wissen, wo er herkommt. Olga und Holger begeben sich auf eine abenteuerliche Reise nach Afrika, wo sie Strauße, Kamele und viele Krokodilbabys mit ihren Müttern treffen. Holger spürt, wie viel ihm Oma Olga bedeutet, entscheidet sich dagegen,

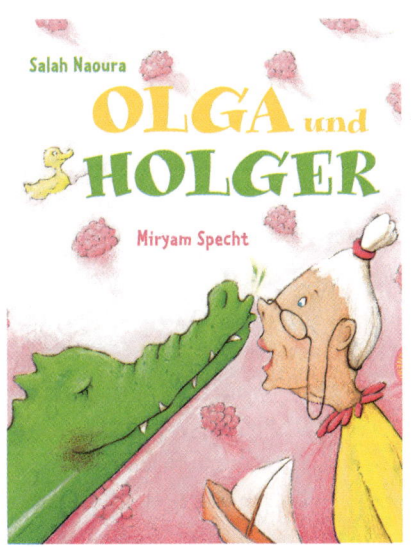

in seiner Heimat zu bleiben, und beide fahren gemeinsam nach Hause zurück.

Die Bücher von Olga und Holger sind geeignet für Kinder ab drei Jahren. Wie alle Reimbücher eignen sie sich hervorragend zum spielerischen Gedächtnistraining, denn nach einigen Vorlese-Durchgängen gelingt es auch kleinen Kindern leicht, den zweiten Teil eines Reimpaares zu sprechen. Danach sind schrittweise Steigerungen im Schwierigkeitsgrad möglich, sodass die Kinder zunächst einzelne Zeilen und später auch kleinere Passagen auswendig aufsagen können. Mit solchen Übungen ist zudem ganz nebenbei eine Wortschatzerweiterung möglich.

Wenn nämlich das Kind ungewöhnliche Worte nachspricht, die Kindergartenkinder in der Regel nicht verwenden und meistens auch nicht kennen, bietet sich ein Gespräch über die Definition dieser Wörter an; bei den „Olga und Holger"-Büchern zum Beispiel über die Bedeutung der Worte „schimmern", „Verein" oder „Wonne".

Besonders positiv an diesem Buch hervorzuheben ist das moderne und für Kindergeschichten eher untypische Bild der Großmutter, das es vermittelt: Oma Olga ist sportlich, unabhängig, technisch begabt und unternehmungslustig.

Mit diesen Eigenschaften wird sie ganz anders dargestellt als die meisten Großmutter-Figuren, denen Kinder sonst in Märchen und Erzählungen begegnen. Trotz dieser aktiven und eher männlichen Eigenschaften ist Oma Olga aber auch warmherzig und fürsorglich. Nebenbei vermittelt das Buch noch ein wenig biologisches Wissen, denn aus den farbenfrohen humorvollen Zeichnungen geht hervor, dass nicht nur Vögel aus Eiern schlüpfen, sondern auch noch eine ganze Reihe anderer Tiere.

Beate Dölling/Almud Kunert
Das Regenspiel
32 Seiten
ISBN 13: 978-3-522-43466-9, ISBN 10: 3-522-43466-8

An einem langweiligen verregneten Tag darf Sofie nicht draußen spielen. Deswegen lässt sie sich eben etwas anderes einfallen und macht ihren Eltern mit Schminke und Grimassen vor, so schrecklich krank zu sein, dass Papa sich schließlich als Arzt verkleidet und Bonbons verschreibt, damit sie wieder gesund wird. Da staunt Mama aber, als sie merkt, dass Sofie sich nur verstellt hat.

Dieses Buch greift eine Erfahrung aus dem Alltag von Kindern auf, die alle hin und wieder mit dem Gefühl der Langeweile zurechtkommen müssen, wenn das Wetter draußen ungemütlich ist, die beste Freundin nicht da ist und die Eltern keine Zeit haben, sich mit ihrem Kind zu beschäftigen. Sofie löst diese Langeweile durch eine kreative Idee, indem sie mit viel Temperament und Einfallsreichtum ihre Eltern dazu bewegt, sich auf ein fantasievolles Rollenspiel einzulassen. Stellvertretend für Sofie können sich die Kinder, denen die Geschichte vorgelesen wird, als einflussreich und wirksam erleben, denn Sofie schafft es, dass am Schluss die ganze Familie einen lustigen Nachmittag erlebt.

Reime strukturieren die Geschichte und trainieren das auditive Gedächtnis: Schon nach wenigen Malen des Vorlesens sind Kindergartenkinder in der Lage, den zweiten Teil eines Reimpaares zu vollenden. Wie bei allen Bilderbuchbetrachtungen können Eltern und Erzieherinnen die kindliche Sprachentwicklung positiv beeinflussen: Fragen zum Inhalt des Buches und die Aufforderung zu Bildbeschreibungen regen zum freien Erzählen an. Wichtig ist es hierbei, Korrekturen nur beiläufig vorzunehmen. Kinder erweitern beim gemeinsamen

Betrachten von Bilderbüchern und vor allem durch das Gespräch über diese Bücher auch ihr Wissen über ihre soziale Umwelt: Beim vorliegenden Buch lassen sich zum Beispiel sehr gut die zunächst unterschiedlichen Pläne von Sofie und ihren Eltern in Worte fassen.

Auch bei diesem Buch ergibt sich die Gelegenheit zur Wortschatzerweiterung, denn Worte wie „Grübeln" oder „Krämpfe" sind Kindergartenkindern normalerweise nicht geläufig, können aber im Zusammenhang mit der Geschichte von den Erwachsenen leicht erklärt werden. Die farbenfrohen ausdrucksstarken Bilder erleichtern es gerade kleinen Kindern, der Erzählung zu folgen und die Konzentration aufrechtzuerhalten.

Michael Ende/Manfred Schlüter
Der Lindwurm und der Schmetterling
32 Seiten
ISBN 13: 978-3-522-43495-9, ISBN 10: 3-522-43495-1

Entsetzt erfährt der grimmige Feuer speiende Drache, dass er in der Wissenschaft als Lindwurm bezeichnet wird. Dabei ist er doch das Gegenteil von lind! Ebenso entsetzt ist der zarte Kohlweißling, dass er ein Schmetterling sein soll. Liegt ihm doch nichts ferner, als grob zu schmettern. Doch nach einem Gespräch mit der findigen Schlange und langem Grübeln hat er eine wunderbare Idee, macht sich auf die gefahrvolle Reise zum Lindwurm und schlägt ihm einen Namenstausch der besonderen Art vor: Am Ende sind beide glücklich, dass der Schmetterling nun Lindling und der Lindwurm Schmetterwurm heißt.

Dieses Gedicht von Michael Ende ist für Grundschul- und Vorschulkinder geeignet, denn seine Länge, die anspruchsvolle Satzstruktur und die häufige Verwendung von eher ungebräuchlichen Wörtern setzen schon fortgeschrittene sprachliche Fähigkeiten und Ausdauer voraus.

Die in kräftigen Farben gehaltenen Zeichnungen vom mächtigen, Feuer speienden Drachen faszinieren jedoch auch schon jüngere Kinder. Der Inhalt dieses Bilderbuches kann dazu anregen, mit Kindern ein Gespräch darüber zu führen, wie unterschiedlich manchmal die Eigen- und die Fremdwahrnehmung sein kann. Dem Drachen ist es sehr wichtig, wie er auf andere wirkt, und es macht ihn sehr traurig, dass man ihn aufgrund seines missverständlichen Namens für ganz anders halten könnte, als er eigentlich ist. Ebenso ergeht es dem Schmetterling, der doch auch einen ganz anderen Charakter hat, als man es aufgrund des ersten Eindrucks – nämlich seines Namens – haben könnte. Wichtig ist beiden, dass ihr Bild nach außen und ihr wahres Ich übereinstimmen.

Wenn es in diesem Bereich zu Missverständnissen kommt, kann das bei den Betroffenen zu großer Unzufriedenheit führen. Dieses Buch ist auch für Kinder zu empfehlen, die zumindest phasenweise ihren Namen nicht mögen und gerne einmal anders heißen möchten. Der Drache und der Schmetterling können hierbei Vorbild sein, wie man vielleicht schon durch kleine Abwandlungen oder Veränderungen mit seinem Namen glücklich werden kann.

Michael Ende/Bernhard Oberdieck
Lirum Larum Willi Warum
32 Seiten
ISBN 13: 978-3-522-43198-9, ISBN 10: 3-522-43198-7

Bad Wildbacher
Kinder- und Jugendbuchpreis 1996

Willi fragt seinem Onkel Eduard wahrlich ein Loch in den Bauch. Ganz genau will er wissen, was es mit seinem langen weißen Bart, dem Kamm aus Horn und den sieben Zirkusclowns auf sich hat. Der Onkel kommt beim Erzählen scheinbar vom Hundertsten ins Tausendste, doch am Ende stellt der Leser erstaunt fest, dass sich im Rückblick alles ineinander fügt und die Geschichte dort endet, wo sie begann, nämlich bei Onkel Eduards Bart.

Diese Reimgeschichte ist erst für Kinder ab dem Schulalter zu empfehlen. Die Besonderheiten dieses Gedichts sind seine Länge, sein komplexer Aufbau und die für Kinderbücher ungewöhnliche Erzählrichtung. Die Geschichte wird nämlich von rückwärts aufgerollt, scheint zunächst planlos auszuufern und findet schließlich ein Ende, das genau auf den Anfang passt. Sie stellt erhöhte Anforderungen an das Gedächtnis und die Fähigkeit zum logischen Denken, denn sie enthält viele unterschiedliche Figuren und Schauplätze, die durch ein gutes Dutzend überraschender Wendungen miteinander verbunden sind und zudem noch in der umgekehrten Reihenfolge ihres Auftretens geschildert werden.

Gerade dadurch, dass die komplexen Geschehnisse im Rückblick dargestellt werden, regt die Erzählung dazu an, das Buch mehrmals Schritt für Schritt durchzugehen, entweder mit einem Erwachsenen oder bei ausreichenden Lesekenntnissen auch schon selbstständig. Den Kindern eröffnen sich hier eine ganze Reihe von Aha-Erlebnissen, die vermitteln, wie viel Spaß es macht, logisch zu denken und Schlussfolgerungen zu ziehen. An dieser verschachtelten Geschichte haben vor allem Kinder Freude, die allen Geschehnissen in ihrer Umgebung genau auf den Grund gehen wollen, einen ausgeprägten Wissensdurst haben und gerne nach dem Zusammenhang von Ursache und Wirkung suchen. Gerade sie können sich in Willi wiedererkennen, der durch seine beharrlichen Warum-Fragen immer spannendere Details der Geschichte erfährt.

Weitere gereimte Bilderbücher:

Michael Ende/Volker Fredrich
Die Rüpelschule, s. S. 61

Angelika Glitz/Annette Swoboda
Prinz Franz total verliebt, s. S. 10

Robert Jensen/Heike Herold
Wer wohnt in diesem Haus?, s. S. 93

Bianka Minte-König/Johanna Seipelt
Zehn kleine Müdlinge, s. S. 18

Uwe Natus/Dagmar Geisler
Als die Welt Geburtstag hatte, s. S. 97

Edith Schreiber-Wicke/Carola Holland
Ich hab dich so lieb, s. S. 13

Freunde fürs Leben: Klassiker

HELMA STUCKMANN

Es sind immer besondere Bücher, die über Jahrzehnte hinweg neue Leser begeistern und faszinieren. Sie werden von Generation zu Generation weitergegeben und finden sich in den Bücherregalen von Kindern und Eltern gleichermaßen. Ihre Besonderheit zeigt sich zum einen in der zeichnerischen Ausgestaltung, in der ihr eigenen Ästhetik und Originalität, die die Geschichte und deren Figuren zu vertrauten und wertvollen Begleitern unseres Lebens macht.

Zum anderen sind es die erzählten Geschichten selbst, deren Themen nicht dem Zeitgeist unterworfen sind, sondern mit Witz, Herz und Fantasie gleichermaßen die kindliche Entwicklungs- und Lebenswelt aufzeichnen und hinterfragen. Obwohl Lebensbedingungen, Werte und Normen und auch die Spielzeugwelt immer Veränderungen und Modetrends unterworfen sind, gibt es dem Leben von Kindern zugrunde liegende Themen, die die kindliche Entwicklung in ihrem Kern beschreiben und daher universell und zeitlos sind.

So werden (Bilder-)Bücher zu Begleitern durch die Kindheit. Sie sind verbunden mit unserer eigenen Biografie und retten somit ein Stück unserer Kindheit in andere Zeiten unseres Lebens. Die Geschichten und ihre Personen sind verknüpft mit Orten, Menschen, Bildern, sogar manchmal mit Gerüchen aus unserer Kindheit, und lassen das Kind, das wir früher waren, in uns unabhängig von Ort und Zeit gleichsam aufleben.

Die Faszination, die diese Bücher in uns ausgelöst haben, verbindet uns so zu einer großen Leserfamilie. Das Entdecken gemeinsamer Spuren in Büchern und Geschichten, die Gespräche über die inneren Bilder und Erinnerungen machen diese Gemeinsamkeit als Seelenverwandtschaft deutlich. Wenn wir unseren Kindern die Bücher und Geschichten schenken, die auch wir als Kind gelesen und geliebt haben, so geben wir unseren eigenen Kindern die Möglichkeit, uns nicht nur als Erwachsene zu erleben, sondern auch dem Kind in uns zu begegnen.

Die folgenden Kinderbuch-Klassiker erzählen Geschichten über die Entwicklung von Beziehungen und Freundschaften, über das Miteinander-Umgehen, über die Balance zwischen Individualität und Anpassung und über das Entdecken und Gestalten der großen weiten Welt. Und sie sind, jedes auf seine Art, einfach klassisch schön!

Michael Ende/F. J. Tripp/
Beate Dölling/Mathias Weber
Jim Knopf und Lukas der Lokomotivführer machen einen Ausflug
32 Seiten
ISBN 13: 978-3-522-43480-5, ISBN 10: 3-522-43480-3
Wie Jim Knopf nach Lummerland kam
32 Seiten
ISBN 13: 978-3-522-43481-2, ISBN 10: 3-522-43481-1

Zu meinem achten Geburtstag bekam ich Michael Endes Buch „Jim Knopf und Lukas der Lokomotivführer" geschenkt. Ich liebte dieses Buch nicht nur wegen der spannenden Geschichte vom schwarzen Findelbaby, sondern vor allem wegen der physikalisch-fantasievollen Erzählelemente. Wie kann eine Insel mit der Größe von zwei Wohnungen tatsächlich für einen Berg mit zwei Gipfeln, ein Schloss, Wohnhäuser und eine ganze Eisenbahnlinie ausreichen? Woher bezog Lukas überhaupt die Kohlen für die Lok? Diese Rätsel beschäftigten meine grauen Zellen sehr.

Aber eignet sich solch eine Geschichte für ein Bilderbuch für Vorschulkinder?

Beate Dölling und Mathias Weber haben sich ans Werk gemacht, und dabei herausgekommen sind bisher zwei Bilderbücher: „Wie Jim Knopf nach Lummerland kam" und „Jim Knopf und Lukas der Lokomotivführer machen einen Ausflug". Der Text ist deutlich verkürzt und vereinfacht, aber die Beziehung zum Originaltext ist dabei erhalten geblieben.

Die Bilder orientieren sich dicht an den Originalen von F. J. Tripp und decken sich so auch mit der Inszenierung der Geschichte durch die Augsburger Puppenkiste. In bunten Szenen mit liebevollen Details erfahren die Kinder alles über die Insel mit ihren Bewohnern und Jims Ankunft auf Lummerland. Die eingestreuten „Fotos" stammen vermutlich aus der Kamera von Herrn Ärmel und reichern den Erzähltext unterstützend mit kleinen „Schnappschüssen" an.

Der bedächtige Erzählfluss lässt Zeit zum Betrachten und Genießen der Bilder. Die Beschaulichkeit des Insellebens wirkt beruhigend und steht wohltuend im Gegensatz zu all den action- und effektüberladenen Zeichentrickfilmen und Computerspielen, die heutzutage auch schon von den Jüngsten konsumiert werden. Dies ist gerade vor dem Hintergrund der alarmierend steigenden Anzahl von Kindern mit Hyperaktivitätssymptomen und Konzentrationsschwächen ein wichtiger Ausgleich.

Kinder, die mit diesen gelungenen Bilderbüchern den Reiz von Lummerland entdeckt haben, werden später auch auf die Romane „Jim Knopf und Lukas der Lokomotivführer" und „Jim Knopf und die Wilde 13" gespannt sein. Leselust – was wünscht man sich mehr?

Max Kruse/Erich Hölle/Roman Lang
Urmel schlüpft aus dem Ei
32 Seiten
ISBN 13: 978-3-522-43506-2, ISBN 10: 3-522-43506-0

Wer kennt das Urmel nicht, das Saurierbaby mit Schnuller, das durch die Feder von Max Kruse vor über 35 Jahren an die Gestade der Insel Titiwu und damit in unsere Welt gespült wurde? Seine Abenteuer sind in vielen Büchern nachzulesen und faszinieren immer wieder alte und junge Leser.

Auf der Südseeinsel Titiwu herrschen noch paradiesische Zustände: Tiere und Menschen leben in vertrauter Eintracht miteinander und kennen und achten sich in ihren Eigenarten und Besonderheiten. Vielleicht ist es gerade das gegenseitige Vertrauen, das Professor Habakuk die Gabe verleiht, den Tieren das Sprechen beizubringen. So seltsam und exotisch die Tiere in ihrer Zusammenstellung auch scheinen: Die haushalterisch begabte Schweinedame Wutz, der Schuhschnabel Schusch, Ping Pinguin, der Waran Wawa und der musikalische und leicht depressive Seele-Fant, sie alle haben das Sprechen gelernt. Auch hier gilt: „Nobody is perfect", denn trotz engagierter Bemühungen hat jedes Tier einen Sprachfehler, ohne dass dies die Verständigung untereinander oder die Freundschaft negativ beeinflussen würde.

Die bisher erschienenen Romane über das Urmel richten sich an Kinder ab dem Grundschulalter, denn die köstlichen Sprachfehler verstehen und genießen zu können erfordert eine gesicherte eigene Sprachkompetenz. Mit dem Bilderbuch „Urmel schlüpft aus dem Ei" bietet der Autor Max Kruse jedoch einen stark vereinfachten Text, dem auch Kinder aus dem Vorschulbereich gut folgen können. Die in hellen Pastelltönen gehaltenen Bilder spiegeln die Heiterkeit und Freundlichkeit des Insellebens wider und übertragen die ursprünglichen Zeichnungen von Erich Hölle in eine modernisierte Form, ohne den Bezug zum Original zu verlieren.

Dieses Bilderbuch ist kein Ersatz für die Abenteuer in Romanform, aber eine tolle Möglichkeit, schon jüngere Kinder für das Urmel und seine Freunde zu begeistern. Es macht Appetit auf mehr und kann daher Leselust und Lesefreude anregen. Öff, öff!

Außer diesem Bilderbuch, dem weitere folgen werden, gibt es bei Thienemann elf Urmel-Romane sowie das reich bebilderte Vorlesebuch **Geschichten vom Urmel**, 160 Seiten
ISBN 13: 978-3-522-17654-5, ISBN 10: 3-522-17654-5

David McKee
„Elmar"-Reihe

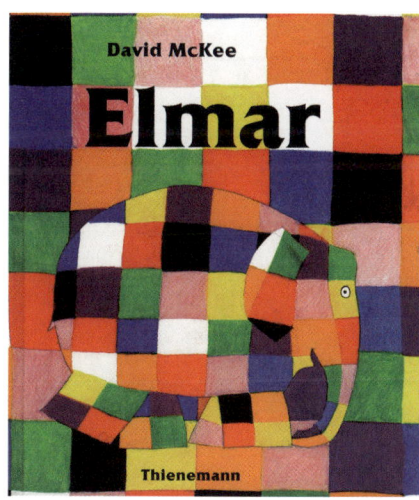

Elmar, 32 Seiten
ISBN 13: 978-3-522-43202-3, ISBN 10: 3-522-43202-9
auch lieferbar im Mini-Format:
ISBN 13: 978-3-522-43476-8, ISBN 10: 3-522-43476-5

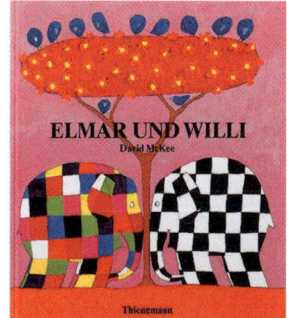

Elmar und Willi
32 Seiten

ISBN 13: 978-3-522-43184-2, ISBN 10: 3-522-43184-7

Elmar und der Schmetterling
32 Seiten

ISBN 13: 978-3-522-43409-6, ISBN 10: 3-522-43409-9

Elmar im Schnee, 32 Seiten
ISBN 13: 978-3-522-43215-3, ISBN 10: 3-522-43215-0
Elmar und der Teddybär, 32 Seiten
ISBN 13: 978-3-522-43302-0, ISBN 10: 3-522-43302-5
Was Elmar alles kann
Pop-up-Buch mit 12 Seiten
ISBN 13: 978-3-522-43246-7, ISBN 10: 3-522-43246-0
Elmar spielt Verstecken
24 Seiten mit Spieleffekten
ISBN 13: 978-3-522-43288-7, ISBN 10: 3-522-43288-6
Elmar und das Känguru, 32 Seiten
ISBN 13: 978-3-522-43329-7, ISBN 10: 3-522-43329-7
Wo steckt Elmar?
24 Seiten mit Gucklöchern
ISBN 13: 978-3-522-43354-9, ISBN 10: 3-522-43354-8

Elmar und Großpapa, 32 Seiten

ISBN 13: 978-3-522-43370-9, ISBN 10: 3-522-43370-X

Bravo, Elmar, 32 Seiten

ISBN 13: 978-3-522-43360-0, ISBN 10: 3-522-43360-2

Immer Elmar!, 32 Seiten

ISBN 13: 978-3-522-43361-7, ISBN 10: 3-522-43361-0

Elmar macht Musik

24 Seiten mit Spezialeffekten

ISBN 13: 978-3-522-43373-0, ISBN 10: 3-522-43373-4

Elmar und die Nilpferde, 32 Seiten

ISBN 13: 978-3-522-43452-2, ISBN 10: 3-522-43452-8

Elmar und das große Kitzeln, 32 Seiten

ISBN 13: 978-3-522-43479-9, ISBN 10: 3-522-43479-X

Elmar und die rosarote Rosa, 40 Seiten

ISBN 13: 978-3-522-43507-9, ISBN 10: 3-522-43507-9

Das große Elmar-Buch

(Sammelband mit sechs Elmar-Geschichten)

176 Seiten

ISBN 13: 978-3-522-43508-6, ISBN 10: 3-522-43508-7

Der Satz „Bücher sind Freunde" trifft sicherlich auf die Bücher von Elmar zu, denn in der Figur des bunt karierten Elefanten finden Kinder einen Begleiter von der frühen Kindheit bis weit in das Schulalter hinein.

Elmar ist ein Freund „wie aus dem Bilderbuch": Er steht mit fröhlichem Selbstbewusstsein zu seiner auffallenden Erscheinung, mit der er sich vom Einheitsgrau der Herde abhebt. Durch viele Geschichten zieht sich die Wertschätzung der individuellen Eigenschaften des Einzelnen (zum Beispiel „Elmar und die rosarote Rosa", „Elmar und Großpapa").

Elmar lacht gern und hat den Kopf voller lustiger, aber nie rücksichtsloser Streiche. Die anderen Urwaldtiere schätzen ihn für seine Freundlichkeit und Hilfsbereitschaft; seine Ideen sind so bunt wie das Muster seines Körpers. Elmars Abenteuer ereignen sich in einem farbenfrohen Urwald aus üppigen tropischen Pflanzen, der durch seine blumige Vielfalt und sonnige Atmosphäre an einen Paradiesgarten erinnert. Paradiesische Zustände finden sich auch im friedvollen und freundlichen Umgang der exotischen Tiere miteinander.

David McKee spricht mit diesen vielfach preisgekrönten Büchern auch schon sehr junge Kinder an: Die Muster und Farben haben einen hohen visuellen Aufforderungscharakter, das Spiel mit den Mustern fördert die Figur-Hintergrund-Wahrnehmung auf spielerischer Ebene. Die Geschichten variieren von einfachen Handlungsfolgen („Elmar spielt Verstecken", „Wo steckt Elmar?") bis hin zu komplexeren Geschichten, für deren Problemlösung das Kind zum Mitdenken angeregt wird („Elmar und die Nilpferde", „Bravo, Elmar"). Die zugrunde liegenden Themen entsprechen dem Entwicklungsalter der Kinder.

Durch alle Bücher zieht sich das Grundprinzip kindlicher Entwicklung: Sie bieten Sicherheit und damit Stabilität durch gleich bleibende, immer wiederkehrende Elemente und regen andererseits durch Variationen und neue Muster zum Beobachten und Denken an. Es macht deshalb Spaß, nicht nur ein Elmar-Buch, sondern mehrere Geschichten von ihm zu kennen. Das Klapp-und-Mach-Buch bietet für Auge und Hand verlockende Überraschungen. Mit dem Band „Elmar macht Musik" lässt sich die Handlung nicht nur durch das Töne-Modul anreichern, sondern auch als Hörgeschichte oder Rategeschichte zu fantasievollen Spielen variieren.

Vielleicht ein Geschenktipp für Großeltern und Paten?!

Sigrid Heuck
„Pony und Bär"–Reihe
alle 32 Seiten

Pony, Bär und Apfelbaum
ISBN 13: 978-3-522-41420-3, ISBN 10: 3-522-41420-9

Pony, Bär und Abendstern
ISBN 13: 978-3-522-42160-7, ISBN 10: 3-522-42160-4
auch lieferbar im Mini-Format:
ISBN 13: 978-3-522-43317-4, ISBN 10: 3-522-43317-3

Pony, Bär und Schneegestöber
ISBN 13: 978-3-522-42590-2, ISBN 10: 3-522-42590-1
auch lieferbar im Mini-Format:
ISBN 13: 978-3-522-43342-6, ISBN 10: 3-522-43342-4

Pony, Bär und Papagei
ISBN 13: 978-3-522-41900-0, ISBN 10: 3-522-41900-6
auch lieferbar im Mini-Format:
ISBN 13: 978-3-522-43341-9, ISBN 10: 3-522-43341-6

Was haben ein Pony und ein Bär gemeinsam?
Ganz einfach: Beide lieben Äpfel über alles
und treffen sich Herbst für Herbst auf der
Wiese mitten im Wald, dort wo die süßen gelb-
roten Äpfel reifen. Diese Wiese ist der Ausgangspunkt für eine verlässliche Freundschaft
und für viele Abenteuer: Einmal werden alle
Äpfel von den frechen Raben gestohlen, und
Pony und Bär müssen eine abenteuerliche
Reise überstehen, um die Räuber zu finden und
ihnen die Beute abzujagen.

Ein anderes Mal suchen sie samt einem Papagei ihr Glück im Süden oder verlieben sich in den unerreichbaren Abendstern.

In der vierten Geschichte wirbelt im Schneegestöber nicht nur ihr Fell, sondern beinahe auch ihre Freundschaft durcheinander, wenn da nicht ein kluges Reh in ihrem Winterquartier vorbeigeschneit käme.

Die bunten, mit kräftigen und klaren Farben gemalten Bilder bieten dem Betrachter liebevoll und künstlerisch gestaltete Märchenszenen, die so ausdrucksstark und faszinierend sind, dass Kinder sie sich auch als Bild ins Zimmer wünschen. Mit ihren freundlich gerundeten Gesichtern und Formen wirken Pony und Bär auf Kinder Vertrauen erweckend und sympathisch.

Was zu der ansprechenden äußeren Gestaltung und den fantasievollen Geschichten diese Bücher zusätzlich attraktiv macht, ist die Verbindung zwischen dem in klaren Sätzen erzählten Text und den darin eingeflochtenen Bildsymbolen, die viele Namenworte ersetzen. Schon kleine Kinder lieben es, sich im Vorlesen mit dem Erwachsenen abzuwechseln und die Bildzeichen selbst zu „lesen". So erfahren sie bereits im frühen Alter ein Erfolgserlebnis mit dem Medium Buch: Ich kann schon lesen! Und Erfolg ist bekanntermaßen eine der besten Motivationen für die Bereitschaft zum Lernen.

Die Bildzeichen selbst sind keine abstrakten Symbole, sondern stehen als kleine Zeichnungen mit liebevollen Details für sich und verlocken und verhelfen zum genauen Hingucken. Vorschulkindern gelingt es zudem auch, sich das ein oder andere geschriebene Wort als Ganzheit einzuprägen und damit auch fast zufällig und spielerisch die ersten Stufen des Lesenlernens zu nehmen.

Kinder, die schon selbst lesen können, gewinnen durch die Kombination von Schrift und Bildsymbol eine Förderung der Zusammenarbeit ihrer beiden Großhirnhälften und erlangen damit eine wichtige Voraussetzung für ganzheitliches Lernen.

Einen zusätzlichen Effekt bieten diese Bücher in englischer Sprache! Schöner und attraktiver als mit diesen Büchern kann Sprachen- und Vokabellernen nicht sein! (s. S. 109)

Zwischen den Zeilen steckt noch mehr ... :
Bilderbücher – auch für Erwachsene

HELMA STUCKMANN

Schon wieder kommt ein Geburtstag auf uns zu und damit die Frage: Womit kann ich ... denn diesmal eine Freude machen? Ganz einfach: Wie wäre es mit einem Bilderbuch?

Aber ... ist doch kein Kind mehr, sondern schon lange erwachsen! Kein Problem, denn es gibt immer wieder Bilderbücher, deren Geschichten zwar Kindern gefallen, die sich aber in ihrer Komik, Spitzfindigkeit und tieferen Bedeutung auch an erwachsene Leser richten.

Dabei sind Bilderbücher für Erwachsene keine Erfindung unserer Zeit, sondern gleichsam der Ursprung der Bilderbuch-Literatur überhaupt. So entwickelte Comenius im 17. Jahrhundert ein Bilderbuch für Erwachsene, das diesen trotz geringer Lesefertigkeit das Wissen der damaligen Zeit vermitteln und näher bringen sollte.

Das mag zunächst einmal verwundern, denn wir erwarten unter dem Genre Bilderbücher in erster Linie ausschließlich Bücher für Kinder und vielleicht noch für Jugendliche, wenn die zeichnerische Darstellung zum Comic hin tendiert. Das hat damit zu tun, dass mit der Verbesserung des Schulsystems und der fortschreitenden Alphabetisierung Bilderbücher ausschließlich an kindliche Adressaten gerichtet wurden, zunächst als Fibeln und Sachbücher, dann auch als Geschichtenbücher (eines der ersten und bekanntesten ist der Struwwelpeter). Seit einigen Jahren erfährt diese Begriffseinengung wieder eine Ausweitung auf einen offenen Adressatenkreis ohne eine spezifische Alterszuweisung.

Neben Sach-Bilderbüchern (Fremdsprachen, Naturwissenschaften, Kunst) finden wir innerhalb der „Bilderbücher für Erwachsene" viele fantastische Geschichten, die in Verbindung von sprachlichen und bildlich-ästhetischen Elementen neben der vordergründigen Story eine tiefer liegende Botschaft, Weisheit oder Komik transportieren.

Die Wechselwirkung von Bild und Text, die sich gegenseitig verstärken, ergänzen oder auch widersprechen können, bietet einen ganzheitlichen Lesegenuss, der nicht nur unser sprachlich-logisches Denken, sondern auch das bildlich-emotionale Empfinden anspricht. Und Vergnügen bereiten die folgenden Bücher alle!

Daniel Napp

Dr. Brumm versteht das nicht

32 Seiten

ISBN 13: 978-3-522-43470-6, ISBN 10: 3-522-43470-6

Dr. Brumm steckt fest

32 Seiten

ISBN 13: 978-3-522-43494-2, ISBN 10: 3-522-43494-3

Wie kann das Leben stressig sein, wenn aus unerklärlichen Gründen nichts richtig klappt! Alle Computeranweisungen sind befolgt, aber der Drucker nimmt den Text einfach nicht an! Ausgerechnet kurz bevor der Besuch klingelt, rutscht uns ein Teller aus der Hand und zerbricht auf dem frisch gereinigten Boden!

Bis vor kurzem haben wir in solchen Situationen geschimpft und uns aufgeregt, doch seit ein paar Wochen sagen wir nur noch kopfschüttelnd: „Dr. Brumm versteht das nicht!" Und dann lässt sich der Ärger irgendwie leichter ertragen.

Wir umgeben uns im Alltag mit einer Technik, deren zugrunde liegende Mechanismen kaum

jemand wirklich versteht. Deutlich wird dies jedoch meist erst, wenn eine Störung auftritt: In dem Buch „Dr. Brumm versteht das nicht" ist es ein Stromausfall ausgerechnet zur samstäglichen Fußballübertragung, der dem liebenswerten großen Bären mit dem kleinen Kopf alles an Einsatz und Überlegung abverlangt. Zum Glück ist am Schluss auch Muskelkraft gefragt!

In „Dr. Brumm steckt fest" finden wir einen dieser Tage wieder, in denen „Murphys Gesetz" erbarmungslos zuschlägt. Alles geht schief, als nur ein Glas Honig vom Schrank geholt werden soll. Da ist auch der Goldfisch Pottwal als Ratgeber (k)eine wirkliche Hilfe. Trotz Scherben, Schmerzen, nassen Fells, Dr. Brumm verzweifelt nie und findet das Zauberwort, das über solche Unglücke hinwegrettet: „Egal!"

In Dr. Brumm hat Daniel Napp uns einen liebenswerten Zeitgenossen mit einem Doktortitel mit noch unklarer Herkunft an die Seite gestellt, der den alltäglichen Tücken der Technik im Rahmen seiner Möglichkeiten auf den Grund zu gehen versucht. Die Kombination aus Logik und Halbwissen, mit der Dr. Brumm versucht, die Probleme des Alltags zu lösen, ist gleichermaßen verblüffend und urkomisch.

Die ausdrucksstarken Bilder allein reizen schon durch Übertreibung und Überzeichnung die Lachmuskeln. Cliffhanger und eine perfekte Kombination von Bilderbucherzähltext, Sprachspielen und comichaften Elementen machen beide Bücher zu einem reinen Lese- und Schmunzelvergnügen für Kinder und Erwachsene.

Dies ist Lebenshilfe pur und ein Geschenk für alle Zeitgenossen, die Glück im Unglück brauchen können: „Tonnerwetter auch!!!"

Der weiße Rabe 1997

Daniela Kulot
Nasebohren ist schön
32 Seiten
ISBN 13: 978-3-522-43227-6, ISBN 10: 3-522-43227-4
auch lieferbar im Midi-Format:
ISBN 13: 978-3-522-43486-7, ISBN 10: 3-522-43486-2
und im Mini-Format:
ISBN 13: 978-3-522-43331-0, ISBN 10: 3-522-43331-9

Dies ist kein Buch der Selbsthilfegruppe der „Rhinotillexomanie-Betroffenen" (zwanghafte Nasebohrer). Es ist Ermunterung an die in einer wissenschaftlichen Untersuchung (Journal of Clinical Psychiatry 1995) ermittelten 91 % der Bevölkerung, die (natürlich nur in einer anonymen Umfrage) zugegeben haben, regelmäßig den Finger mehr oder weniger tief in die Nase zu stecken. Doch keine Angst, dies ist ein ganz und gar nicht unappetitliches Buch; im Gegenteil: Sind die überkommen

Drohszenarien erst einmal hinterfragt und ad absurdum geführt, dann bohrt es sich mit fast ästhetischer Gelassenheit.

Wieder einmal müssen uns unsere tierischen Brüder und Schwestern den Weg der Erkenntnis zeigen. Aber vielleicht bricht uns als Krone der Schöpfung gar kein Zacken aus derselben, wenn wir dem Pfad der tierischen Weisheit folgen.

Der Weg ist nicht sehr weit: In einer hügelgewölbten farbenfrohen Welt treffen wir drei Freunde, wie sie unterschiedlicher nicht sein können: ein Elefantenkind, eine kleine Maus in karierter Latzhose und ein Froschkind. Allen gemeinsam ist, dass sie gerne in der Nase bohren, doch Frosch, der darf das nicht, sagt seine Mama. Bei genauerer Ursachenforschung innerhalb der jeweiligen Elternschaft finden sich art- und gattungsspezifische grauenhafte Risiken des Nasebohrens. Alle Eltern beziehen sich auf diese unerwünschten und Angst auslösenden Nebenwirkungen, um ihrem Kind das Nasebohren zu verbieten und zu vergraulen. Doch die drei Freunde lassen sich durch die Horrorszenarien nicht vom eigenen Nachdenken abhalten und hinterfragen die elterlichen Argumente. Wie sehen die Großeltern mit ihrer längeren Lebenserfahrung das Problem? Die Antwort liegt auf der Nase: Die Alten haben sich längst von den überflüssigen Konventionen und Zwängen befreit und genießen die Freiheit, sich nasebohrend etwas Gutes zu tun. Machen Sie es ruhig auch!

Daniela Chudzinski
Herbert
32 Seiten
ISBN 13: 978-3-522-43517-8, ISBN 10: 3-522-43517-6

Wer wünscht sich nicht manchmal, wenn es ungemütlich wird, einfach Glück zu haben und ungeschoren davonzukommen? Ein „dickes Fell" bildet einen guten Schutz gegen Kälte und Unbill aller Art. Tatsächlich kennen wir schon aus der Bibel die Kraft der ungeschorenen Haare, denken wir nur an Samson und Delilah. Falls Sie so einen Samson (egal welchen Alters) kennen, für den der Weg zum Friseur einen Angriff auf seine Identität und Kraft bedeutet, dann verstehen Sie ihn wahrscheinlich besser, nachdem Sie Herbert in diesem Buch begegnet sind.

Herbert wäre ein Schaf wie viele andere auch, wenn es ihm nicht gelungen wäre, sich für viele Jahre der regelmäßigen Schur zu entziehen. Er legt sich ein dickes Fell zu, mit dem er nicht nur dem kalten Wind trotzen kann, sondern das auch im Wettbewerb des Lebens echte Vorteile bringt. Wem gelingen schon spritzige Wasserbomben, deren Sprengkraft Bäume entwurzelt? Vom Rennfahren mit Rundstrohballen ganz zu schweigen.

Lange Zeit kann Herbert sein ungeschorenes Fell als Alleinstellungsmerkmal genießen. Doch wie so oft im Leben, zu viel des Guten lässt aus Genuss leicht Verdruss werden: Der Zeitpunkt kommt, da das dicke Fell Herbert zusehends einschränkt und behindert. So geht er eines Tages freiwillig zur Schur und entledigt sich einer dichten Hülle, die durch ihre Dimension zum Ballast geworden ist. Doch kein Grund zur Traurigkeit: Es wartet schon ein neuer Rekord. Herberts Wolle ergibt ein gigantisches Wollknäuel.

Wie kommt man auf so eine verrückte Idee? Ganz einfach, das Leben selbst hat sie geschrieben, wie sich am Ende des Buches aufklärt. Daniela Chudzinski ist es gelungen, diese wahre Geschichte eines neuseeländischen Schafes in ausdrucksstarken, stimmungsvollen und komischen Bildern zusammenzustricken.

Ein Buch, das sich im Zeitschriftenkorb jedes Friseursalons finden sollte, amüsant für Kinder und Erwachsene. Aber auch ein Buch, das ermutigt, sich wenigstens für eine begrenzte Zeit mal ein dickes Fell zuzulegen. Und im rechten Moment zu erkennen, dass manchmal ein klarer Schnitt helfen kann, den unnötigen Ballast alter Gewohnheiten wieder loszuwerden.

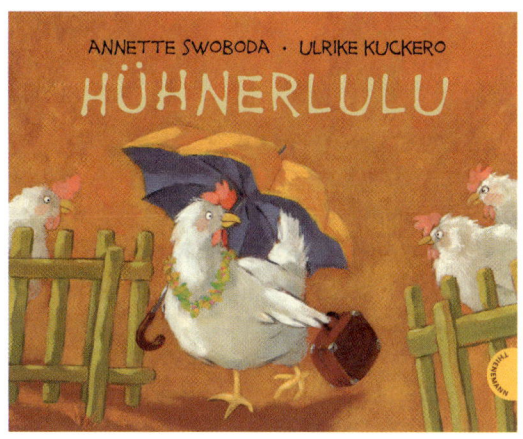

Ulrike Kuckero/Annette Swoboda
Hühnerlulu

32 Seiten
ISBN 13: 978-3-522-43419-5, ISBN 10: 3-522-43419-6

Wenn das tägliche Einerlei zur öden Belastung wird, dann spüren wir einen Schmerz, der nicht genau zu lokalisieren ist: Das Fernweh meldet sich. Wir träumen von Luftveränderung und Tapetenwechsel, studieren mit Wehmut die Plakate der Reisebüros und wünschen uns nur noch eins: Raus aus dem Alltag und irgendwohin, wo es ganz anders als zu Hause und traumhaft schön ist. Vielleicht ein Strand unter Palmen, türkisfarbenes Wasser, ein lauer Wind in tropischen Blüten und ganz viel Sonne, so wie in HONOLULU. Dieser Wunsch geht nur für die wenigsten in Erfüllung. Wer hat schon Zeit und Geld für eine Traumreise? Doch dies ist kein Grund für Depressionen, denn schließlich gibt es ja auch HÜHNERLULU, gut erreichbar und ausgesprochen kostengünstig. Den Weg dorthin zeigt uns ... ein Huhn!

Annette Swoboda und Ulrike Kuckero kennen das Huhn, das wie wir vom Fernweh geplagt wird. Denn selbst der gemütlichste Hühnerstall auf dem idyllischsten Bauernhof wird manchmal einfach unerträglich langweilig.

Der Sunset-Beach ist unerreichbar, aber der Weg zu einem benachbarten Hof ist mit Entschlossenheit und etwas Glück zu bewältigen. Und so reist das weiße Legehuhn samt Koffer und Urlaubsausrüstung zum Hühnerstall eines benachbarten Hofes, wo es von den gackernden braunen Kolleginnen erstaunt, aber gastfreundlich aufgenommen wird. Nach der Reise wieder heimgekehrt, kann es – sogar mit Diashow – von seinen Reiseabenteuern aus Hühnerlulu berichten, denn wer eine Reise tut, der hat was zu erzählen!

In freundlichen warmen Farben mit viel Liebe zum Detail lädt das Buch dazu ein, aus Alltagstrott und Gewohnheiten auszubrechen. Es lehrt, das kleine Glück in der Nähe zu suchen und zu genießen, anstatt frustriert unerfüllbaren Träumen nachzuhängen. Der Tapetenwechsel beginnt mit Fantasie und Kreativität im eigenen Kopf. Schon ein bisschen Abstand verändert den Blickwinkel, und mit Aufmerksamkeit für Kleinigkeiten lassen sich auch karibische Nischen auf einem Hühnerhof finden.

Claudia Weikert
Ei Ei Ei für Lothar
32 Seiten
ISBN 13: 978-3-522-43429-4, ISBN 10: 3-522-43429-3

Ein erfrischend anderes Osterbuch für Kinder, ein Buch voller Komik und augenzwinkernder Lebensweisheit für Erwachsene.

Da liegt manchmal etwas vor unserer Tür, was wir weder gewünscht noch bestellt haben! Zurückschicken an den Absender? Das wäre eine Lösung, wenn man nur wüsste, welcher Spaßvogel sein Ei bei uns abgeladen hat. Ab in den Müll? Wenn das unverhoffte Geschenk nur nicht zu schade dazu wäre und vor allem für den Wertstoffsack viel zu groß. Doch drängt es sich unwillkommen in unser Leben und provoziert und stresst.

Das könnte der Beginn eines riesigen Ärgers werden, mit Magengrimmen und Sodbrennen. Wenn Hase Lothar nicht in häsischer Erfindungsgabe eine Lösung für dieses Problem anbieten würde. Aber zunächst kommt Lothar selbst nicht aus dem Staunen heraus: In der Stille der Nacht hat ihm jemand ein Ei vor die Tür gelegt, und ehrlich wie Hasen nun mal sind, macht er sich auf die Suche nach dem möglichen Besitzer.

Trotz detektivischer Sorgfalt und planmäßigen Vorgehens, der Spaßvogel ist gut versteckt und hält Lothar in den folgenden Tagen mit einer gigantischen Eierlawine auf Trab, die er im Schattenwurf eines eierförmigen Mondes am Tatort vor Lothars Tür ablegt. Doch Lothar bleibt nicht in der Empörung über diesen bösen Schabernack stecken, sondern kommt nach einer wissenschaftlichen Experimentierphase auf die geniale Idee, den ärgerlichen Streich in etwas Gutes umzuwandeln. Mit Farbe, Fleiß und Fantasie entstehen echte Geschenke, die ihren Empfängern Freude machen. Da wird selbst der Übeltäter unvorsichtig und kann enttarnt werden.

Neben der mitreißenden Dynamik der Geschichte sind es vor allem auch die liebevoll überpointierten Details der Bilder, die in frohen Farben und scheinbar mit lockerem Stift hingeworfenen Skizzen das Auge zum Suchen und Entdecken ermuntern (höchst österliche Tätigkeiten).

Claudia Weikert ist es gelungen, philosophische Weisheiten wie „Wandle Schlechtes zu Gutem" und „Gib weg, was dich einengt!" auf eine urkomische und unterhaltsame Art zu vermitteln.

Ein Buch nicht nur zum Vergackeiern, sondern eine echte Lebenshilfe!

Michael Ende/F. J. Tripp/
Beate Dölling/Mathias Weber
**Jim Knopf und Lukas der Lokomotivführer
machen einen Ausflug**
32 Seiten
ISBN 13: 978-3-522-43480-5, ISBN 10: 3-522-43480-3
Wie Jim Knopf nach Lummerland kam
32 Seiten
ISBN 13: 978-3-522-43481-2, ISBN 10: 3-522-43481-1

Die Geschichte von Jim Knopf und Lukas dem Lokomotivführer ist heute aktueller denn je. Während wir uns gemäß dem prognostizierten demografischen Wandel auf eine nahezu kinderlose Gesellschaft einstellen müssen und junge Paare lieber in einen schicken Zweitwagen, Urlaub und Ungebundenheit investieren, zeigen uns die Bewohner von Lummerland beispielhafte Auswege aus dem Sackbahnhof der Vergreisung:

Da bittet ein Kind mit schwarzer Hautfarbe um Asyl in einer bis dahin fest gefügten und geregelten Monarchie und findet sofort eine Pflegemutter, die trotz ganztägiger beruflicher Ar-

beitsbelastung nicht einen Moment zögert, zusätzlich die Lasten einer allein erziehenden Mutter auf sich zu nehmen. Selbst der telefonsüchtige König fragt nicht nach provisorischen oder anderen Ausweispapieren und gesteht dem Findelkind durch die Zusprechung eines Namens das sofortige und dauerhafte Aufenthaltsrecht zu, ohne nach eventuellen staatsnachteiligen Spätfolgen zu fragen.

Die zukunftsweisende Wertschätzung eines Kindes, unabhängig von dessen Herkunft und gesellschaftlichem Stand, zeigt sich in der konsequenten Integration des Kindes und in der Bereitschaft der gesamten Inselpopulation,

sprechender Antrag an das Bundesministerium für Familie, Senioren, Frauen und Jugend ist in Vorbereitung), sondern auch sämtlichen Innenministern und Sach- und Fachbearbeitern für Asylfragen vorgelegt werden.

Lernen wir nicht endlich von Lummerland, wird unser Land zu dem „Land, das nicht sein kann"!

erhebliche persönliche Nachteile in Mobilität und Prestige in Kauf zu nehmen, um dem Nachwuchs dauerhafte Entwicklungsmöglichkeiten zu bieten. Der Verzicht auf das einzige Nahverkehrsangebot der Insel, der auch durch den Betreiber nicht infrage gestellt wird, macht die hohe Wertschätzung des zugewanderten Findelkindes durch die gesamte Bevölkerung deutlich.

Dieses Lehrstück sollte nicht nur jungen Paaren zur Hochzeit überreicht werden (ein ent-

Weitere Bilderbücher zum Thema „Bilderbücher – auch für Erwachsene":

Angelika Glitz/Annette Swoboda
Prinz Franz total verliebt, s. S. 10

Jude Daly, **Alles hat seine Zeit**, s. S. 92

Michael Ende/Friedrich Hechelmann
Ophelias Schattentheater, s. S. 48

Edith Schreiber-Wicke/Carola Holland
Zwei Papas für Tango, s. S. 56

Die Autorinnen und Autoren dieses Leitfadens

Christiane Benthin,

Jahrgang 1965, machte nach dem Abitur eine Ausbildung zur Erzieherin, studierte anschließend Sozialpädagogik und leitete einen Kindergarten.

Seit einigen Jahren ist sie Dozentin für Kinder- und Jugendliteratur, Anthropologie und Erziehung an den Evangelischen Ausbildungsstätten für Sozialpädagogik in Darmstadt. Nebenher absolvierte sie außerdem einen Fernkurs in Kinder- und Jugendliteratur der STUBE, Wien.

Christiane Benthin lebt mit ihrem Mann und zwei Töchtern, sieben und zehn Jahre alt, in Mühltal bei Darmstadt.

Dr. Claudia Blei-Hoch,

Jahrgang 1969, studierte Deutsch, Kunsterziehung und Deutsch als Zweitsprache für das Lehramt am Gymnasium und promovierte anschließend in Kunstpädagogik.

Nach der Absolvierung ihres Referendariats arbeitet sie seit 2001 als wissenschaftliche Mitarbeiterin am Institut für Germanistik der TU Dresden. Mit ihrem Mann und ihrem fünfjährigen Sohn lebt sie in Dresden.

Katja Hegner,

geboren 1970, studierte Psychologie mit Schwerpunkt Entwicklungspsychologie in Regensburg und arbeitete anschließend als Diplom-Psychologin in einer Mutter-Kind-Reha-Klinik, in einem Kinderheim und seit 2000 in einer Frühförderstelle. Mit ihrem Mann und zwei Töchtern, ein Jahr und fünf Jahre alt, lebt sie in Landshut.

Birgit Hock,

Jahrgang 1966, studierte Deutsch und Englisch für das Lehramt am Gymnasium und arbeitete anschließend als Lehrerin.

Seit 1996 ist sie selbstständige Redakteurin, Kinderbuchrezensentin und Autorin und veröffentlicht vor allem Lernmaterialien für Schüler.

Sie hat drei Kinder im Alter von acht, elf und dreizehn Jahren. Mit ihrer Familie lebt sie in Ludwigshafen.

Matthias Koeffler,

geboren 1964, studierte evangelische Theologie in Neuendettelsau und Heidelberg und machte anschließend eine Ausbildung zum Buchhändler in einer großen Hamburger Buchhandlung.

In seinem Ausbildungsbetrieb leitete er schließlich das Pressereferat und arbeitete nebenher als freier Journalist. Seit 2006 ist er fester Redakteur der Zeitschrift BuchMarkt. Zusammen mit seiner katholischen Ehefrau und seiner vierjährigen Tochter lebt er in Krefeld.

Elke Muffler,

Jahrgang 1975, machte zunächst eine Ausbildung zur Erzieherin und studierte anschließend Sozialpädagogik.

Nach einer mehrjährigen Berufstätigkeit mit Kindern im Alter von drei bis zwölf Jahren arbeitet sie nun als wissenschaftliche Mitarbeiterin in der kindlichen Sprachförderung sowie als freiberufliche Bildungsreferentin zu den Themen „Entwicklung und Förderung des Kindes", „Kommunikation" und „Teamentwicklung". Elke Muffler lebt in Stuttgart.

Dr. Carola Otterstedt,

Jahrgang 1962, studierte Geisteswissenschaften und Verhaltensforschung in München. Sie engagiert sich für die artgerechte Haltung und Beschäftigung von Tieren sowie für die kreative Begegnung zwischen Mensch, Tier und Natur.

Als Sachbuchautorin und Referentin ist sie vor allem in den Bereichen der Mensch-Tier-Beziehung, der tiergestützten Pädagogik & Therapie sowie in der Kranken- und Sterbebegleitung tätig. Dr. Carola Otterstedt lebt in München.

Petra Sperling,

geboren 1966, studierte Bibliothekswesen, Germanistik, Philosophie und Geografie in Köln und schlug anschließend die journalistische Laufbahn ein. Seit 1996 arbeitet sie mit den Schwerpunkten Kinder, Familie und Gesundheit freiberuflich für verschiedene Redaktionen. Petra Sperling hat einen Sohn und lebt mit ihrer Familie in Köln.

Helma Stuckmann,

Jahrgang 1957, studierte Sonderpädagogik und Germanistik in Dortmund und arbeitete viele Jahre als Sonderschullehrerin an einer Schule für Geistigbehinderte. Nun gibt sie Fortbildungen zu den Themen „Wahrnehmungsförderung" und „Entwicklungsbegleitung", berät Eltern und Erzieher und leitet ein familienpolitisches Bündnis in ihrem Heimatort. Helma Stuckmann lebt mit ihrem Mann und ihren Töchtern, acht und zehn Jahre alt, in Steyerberg (Niedersachsen).

Charis Brem (Hrsg.),

geboren 1973, studierte Sprachen, Wirtschafts- und Kulturraumstudien in Passau und war viele Jahre als medienpädagogische Mitarbeiterin im Kinderkino München tätig. Neben Filmworkshops für Kinder hielt sie auch Vorträge zur Geschichte des Kinderfilms an Schulen. Seit 2000 arbeitet sie bei den Kinder- und Jugendbuchverlagen Thienemann und Gabriel. Charis Brem lebt mit ihrem Mann und ihrem zweijährigen Sohn in Neu-Ulm.

Verzeichnis der Bilderbücher nach Autoren und Illustratoren

····················

Autor(in) / Illustrator(in) · Bilderbuchtitel

Verzeichnis der Bilderbücher nach Titeln

·····················

Bilderbuchtitel · Autor(in) / Illustrator(in)

....

Brem, Charis (Hrsg.):
Unsere Bilderbücher – Was sie alles können
Leitfaden durch die Bilderbuch-Programme der Verlage Thienemann und Gabriel

ISBN 13: 978 3 522 43550 5
ISBN 10: 3 522 43550 8

Einbandtypografie: Michael Ascheron
Innentypografie: Marlis Killermann
Schrift: Rotis serif und sans serif
Reproduktion: Medienfabrik, Möglingen
Druck und Bindung: J. P. Himmer GmbH, Augsburg
© 2006 by Thienemann Verlag GmbH, Stuttgart/Wien
Printed in Germany. Alle Rechte vorbehalten.

Thienemann im Internet: www.thienemann.de
Gabriel im Internet: www.gabriel-verlag.de